L'ART DU DESSIN

DEUXIÈME PARTIE

MODÈLE DÉPOSÉ

J. JUSTINART. Reims

La 3ᵐᵉ PARTIE

interprétant les paragraphes 7, 8, 9, Cours supérieur, Enseignement primaire;
10 et 11, Brevet de 2e degré;

paraîtra fin de l'année scolaire

L'ART DU DESSIN

Par M. A. MESSIEUX

Professeur de Dessin dans les Ecoles publiques de la Ville de Reims

2ᵉ Partie — **Cours Moyen** [1]

PROGRAMME OFFICIEL

§ 4. — Courbes régulières autres que la Circonférence, Spirales, Volutes. Courbes empruntées au règne végétal, Tiges, Feuilles, Fleurs (2).

§ 5. — Premières notions sur la représentation des Objets dans leurs dimensions vraies *(Éléments du Dessin géométral)* et sur la représentation de ces Objets dans leur apparence *(Éléments de perspective)*.

§ 6. — Représentation géométrale, au trait, et représentation perspective avec les ombres de Solides géométriques et d'Objets usuels simples.

(Ces trois paragraphes s'adressent aux enfants de neuf à onze ans.)

---

(1) Nous divisons ce Cours en deux parties, savoir : 1° Perspective scientifique et d'observation, application du paragraphe 5 (Premières notions sur la représentation des Objets dans leurs dimensions vraies, etc.); 2° Représentation perspective avec les ombres de solides géométriques et d'objets usuels simples (Applications du paragraphe 6, Représentation géométrale, etc..

(2) Ce paragraphe a été interprété dans le Cours élémentaire (Mois de Juillet et Août).

INTRODUCTION

Bien qu'au premier abord la science de la *perspective* paraisse ardue pour des enfants de neuf à onze ans, la commission spéciale de l'*Enseignement du Dessin* n'a pas cru devoir l'omettre. Convaincue que le dessin d'après nature ne peut être compris si l'on n'a le sentiment des déformations.

Elle a tracé, avec toute la sagacité possible, la marche à suivre, aussi explicite que l'on peut le désirer.

Le paragraphe 5, ainsi conçu : « Premières notions sur la représentation des objets dans leur dimension vraie (*Eléments du dessin géométral*) et sur la représentation de ces objet dans leur apparence (*Eléments de la perspective*), » résume en ses deux parties ce que l'on peut désirer de plus simple pour les éléments auxquels il s'adresse.

En effet, on ne peut dessiner bien un objet que si on le comprend entièrement, l'élément géométral est nécessaire, parce que cette science donne la forme exacte des surfaces qui le composent : un carré, en géométrie, est une surface à quatre côtés égaux et dont les angles sont droits, le sentiment perspectif le déforme complétement ; le carré, vu de certaine façon, devient trapèze, ou plus ou moins lozange ; l'élève doit être pénétré de cette déformation. Un cube, en géométrie, est un solide formé de six faces carrées égales, et dont les angles sont droits. Le plan géométral a pour but de développer ces faces, le plan perspectif en donne la déformation suivant que le dessinateur est placé par rapport à lui. Le professeur doit faire en sorte que cette interprétation soit de la plus grande simplicité : c'est là sa mission. Le programme l'a compris ainsi.

Dans le sixième paragraphe : « Représentation géométrale au *trait*, et représentation perspective avec les *ombres* de solides géométriques et d'objets usuels simples », la commission a pensé que le dessin devait être autre chose qu'une copie de modèles graphiés, car elle le comprend comme devant être un moyen sûr de faire de bons ouvriers, voyant juste, concevant facilement et exécutant habilement. Aussi veut-elle que cet enseignement soit raisonné.

Elle procède par les solides géométriques desquels dépendent toutes les formes possibles que nous voyons, et quand l'analyse de ces solides géométrigues a suffisamment fait comprendre aux enfants leur conformation vraie et apparente, elle demande d'en faire une application sage sur les objets qui nous entourent.

Rien de plus simple comme logique. Au professeur à en faire une intelligente application.

C'est ce que nous essayons de faire.

OBSERVATIONS

Nous divisons le *Cours moyen* en deux parties : 1° Celle qui a rapport à la perspective *scientifique* ; 2° Celle qui a rapport à la perspective *d'observation*.

Celle qui a rapport à la perspective scientifique est une application aussi simple que possible de cette science sur les surfaces et solides, desquels dérivent tous les objets — Dans cette partie, nous n'avons pas cherché à faire un ouvrage de science spéciale, mais voulu donner des renseignements utiles aux instituteurs *(Cette première partie sera suivie par tous les élèves du cours)*.

La deuxième partie est l'application des principes développés dans la première à la copie de solides géométriques et d'objets usuels simples, par le sentiment de l'observation d'abord, et de la science comme correctif ensuite *(Le Maître alternera les objets d'une année à l'autre, et toute la classse fera le même travail)*.

La première partie est l'application du paragraphe 5 ; la deuxième partie, du paragraphe 6.

Nous recommandons d'une manière toute particulière au Maître d'insister sur la manière de procéder pour obtenir, par le sentiment de l'observation, la conformation des objets, car elle sera toujours le fond du travail. Par ce sentiment bien compris, l'élève trouvera l'ensemble aussi juste que possible, appréciera ses détails par rapport à lui, trouvera l'inclinaison des lignes perspectives par rapport à leur unité, et par cette analyse, raisonnée aussi sagement que possible il aura la forme de l'objet.

Néanmoins, si le rôle de la perspective d'observation est terminée, celui de la perspective scientifique commence. Sachant que, par rapport à la ligne d'horizon l'objet diffère, l'élève se rendra compte, par son application, si l'appréciation faite d'abord à l'œil et au jugé est juste. Il se rappellera que toutes lignes parallèles linéaires deviennent, en perspective, des parallèles fuyantes allant aboutir au même point de fuite sur la ligne d'horizon, etc. Que les lignes au-dessus de la ligne d'horizon descendent, tandis que celles au-dessous montent. Que l'objet placé parallèlement à la ligne terre ne subit aucune déformation dans ses lignes (vue de front), etc.

Nous considérons donc qu'il est indispensable de connaître les deux, l'une complète l'autre.

Nous restons convaincu que les résultats ne seront certains que si le Maître insiste sur la manière d'analyser le sujet.

PERSPECTIVE

Application du Paragraphe cinquième du Programme officiel

Premières notions sur la représentation des Objets dans leurs dimensions vraies *(Eléments du Dessin géométral)* **et sur la représentation de ces Objets dans leur apparence** *(Eléments de perspective).*

1ʳᵉ LEÇON. — De la Perspective en général

Les élèves auront les bras croisés.

Le Maître lira et fera au tableau les démonstrations indiquées dans l'ouvrage, s'il le juge à propos.

Qu'est-ce que la perspective ? — La perspective est une *science* qui a pour but de nous montrer sur une surface plane, nommée *tableau*, les objets tels que nous les voyons, à quelque distance qu'ils se trouvent placés, avec leurs formes, leurs couleurs, leurs ombres naturelles et portées.

La perspective se divise en deux : 1° la perspective dite *scientifique* ; 2° la perspective dite *d'observation*.

La perspective *scientifique* est celle qui nous donne par la ligne, la forme apparente des objets.

Elle repose sur trois principes, savoir : les *plans*, les *lignes*, les *points*.

La perspective *d'observation* est celle qui nous donne, avec le secours de l'œil et par la combinaison des droites *verticales*, *horizontales*, et l'application de leurs rapports, la forme apparente de ces objets.

Ces deux perspectives se complètent l'une par l'autre.

La perspective *scientifique* corrige ce que la perspective *d'observation* peut avoir de défectueux, en précisant la direction des lignes.

Elle se subdivise en deux : 1° Celle qui a pour but le *trait ;* 2° Celle qui a pour but *l'ombre* (celle-ci prend le nom de perspective aérienne).

La perspective *aérienne* est celle qui, par la valeur des teintes, complète l'illusion.

Des Plans et leurs fonctions

Le Maître pourra exécuter par un croquis au tableau les figures ci-contre.

Les plans se divisent en trois, savoir : le plan *vertical*, le plan *horizontal* ou *perspectif*, et le plan *géométral*.

Qu'appelle-t-on plan vertical ? — On appelle plan *vertical* l'ouverture par laquelle il semble qu'on aperçoit les objets. *Il est placé entre nous et les objets que nous voyons ; le cadre limitant la peinture* (fig. 1), *le bord de la gravure* (fig. 2), *déterminent cette ouverture.*

Quand nous regardons par une fenêtre avec un peu de recul, la fenêtre forme le cadre (fig. 3) ou le plan vertical.

Qu'appelle-t-on plan horizontal ? — Le plan *horizontal* est celui sur lequel reposent les objets.

On peut le supposer être : la terre (fig. 4), une table, une cheminée, etc.

Le plan qu'on est convenu d'appeler *géométral* est celui qui nous donne la forme exacte de ces objets par le développement de leurs faces (fig. 5).

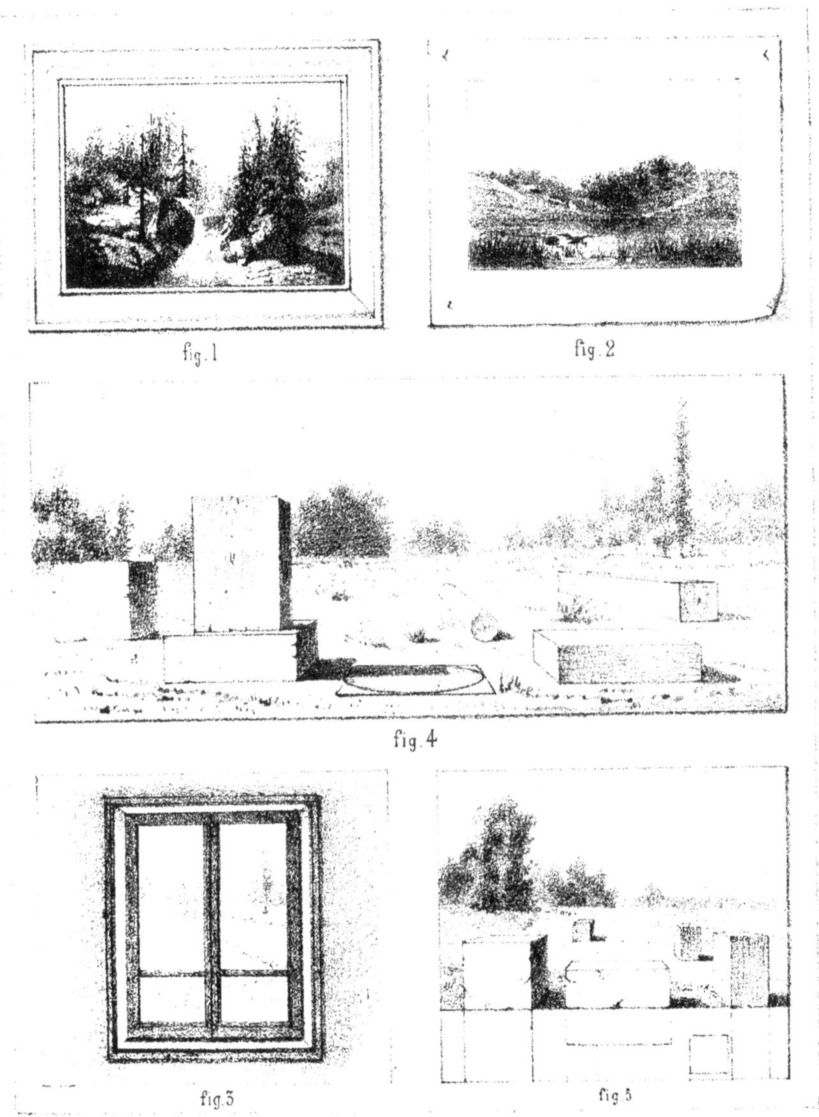

fig. 1

fig. 2

fig. 4

fig. 3

fig. 5

2ᵉ LEÇON. — Des Lignes et leurs fonctions

Le Maître rappellera sous forme de questionnaire ce qui a été dit à la leçon précédente et pourra exécuter au tableau les figures indiquées.

Qu'est-ce que la perspective ? — La perspective est une science qui a pour but de nous montrer, sur une surface plane nommée tableau, les objets tels que nous les voyons, à quelque distance qu'ils se trouvent placés, avec leur forme, leurs couleurs, leurs ombres naturelles et portées.

Combien distingue-t-on de sortes de perspectives ? — Deux, la perspective scientifique et la perspective d'observation.

Sur quoi reposent les principes de la perspective scientifique ? — Sur trois principes : 1° Les plans ; 2° Les lignes ; 3° Les points.

Combien y a-t-il de sortes de plans ? — Trois, le plan vertical, le plan horizontal et le plan géométral.

Qu'est-ce que le plan vertical ? — Une ouverture qui se trouve placée entre nous et les objets que nous voyons.

Qu'est-que le plan horizontal ? — Le plan sur lequel reposent les objets.

Qu'est-ce que le plan géométral ? — Le plan donnant exactement la forme de ces objets.

SUITE DE LA LEÇON

Les lignes se divisent en deux : 1° Ligne de *terre* ; 2° Ligne d'*horizon*.

Qu'est-ce que la ligne de terre ? — La ligne *de terre* est celle qui limite le bas du tableau, ou la base de l'objet que l'on dessine (fig. 6).

Qu'est-ce que la ligne d'horizon ? — La ligne *d'horizon* est la ligne qui, dans une belle plaine ou au bord de la mer, semble séparer la terre ou l'eau du ciel (fig. 7).

Cette ligne donne lieu à des observations particulières (elle se trouve toujours à la hauteur de l'œil du spectateur).

Si le dessinateur ou spectateur est debout, la ligne d'horizon est à la hauteur de son œil. S'il descend ou s'il s'assied, elle est à la hauteur de son œil. S'il monte, elle est à la hauteur de son œil. De sorte que les objets appelés à être dessinés peuvent se trouver, par rapport à notre œil : 1° Au-dessous ; 2° A sa hauteur ; 3° Au-dessus.

Dans ces conditions, les objets placés *au-dessous* présentent leur face supérieure (fig. 8). Les objets placés à la *hauteur* de l'œil sont terminés par une ligne droite (fig. 9). Les objets placés *au-dessus* présentent leur face inférieure (fig. 10).

3ᵉ LEÇON. — Des Points et leurs fonctions

QUESTIONNAIRE SUR LA LEÇON PRÉCÉDENTE

Combien distingue-t-on de lignes ? — Deux : la ligne de terre et la ligne d'horizon.

Qu'appelle-t-on ligne de terre ? — Celle qui limite le bas du tableau ou de l'objet que l'on dessine.

Qu'appelle-t-on ligne d'horizon ? — Une ligne naturelle ou fictive qui se trouve à la hauteur de l'œil.

A quelles observations la ligne d'horizon donne-t-elle lieu ? — Elle se trouve toujours à la hauteur de l'œil. Si le spectateur est debout, la ligne d'horizon est à la hauteur de son œil : s'il s'assied, elle est à la hauteur de son œil : s'il monte, elle est à la hauteur de son œil.

SUITE DE LA LEÇON

Le Maître exécutera au tableau les figures indiquées.

Les points se divisent en deux, appelés points de *fuite* : 1° Le point de fuite dit *naturel* ; 2° Le point de fuite dit *accidentel*.

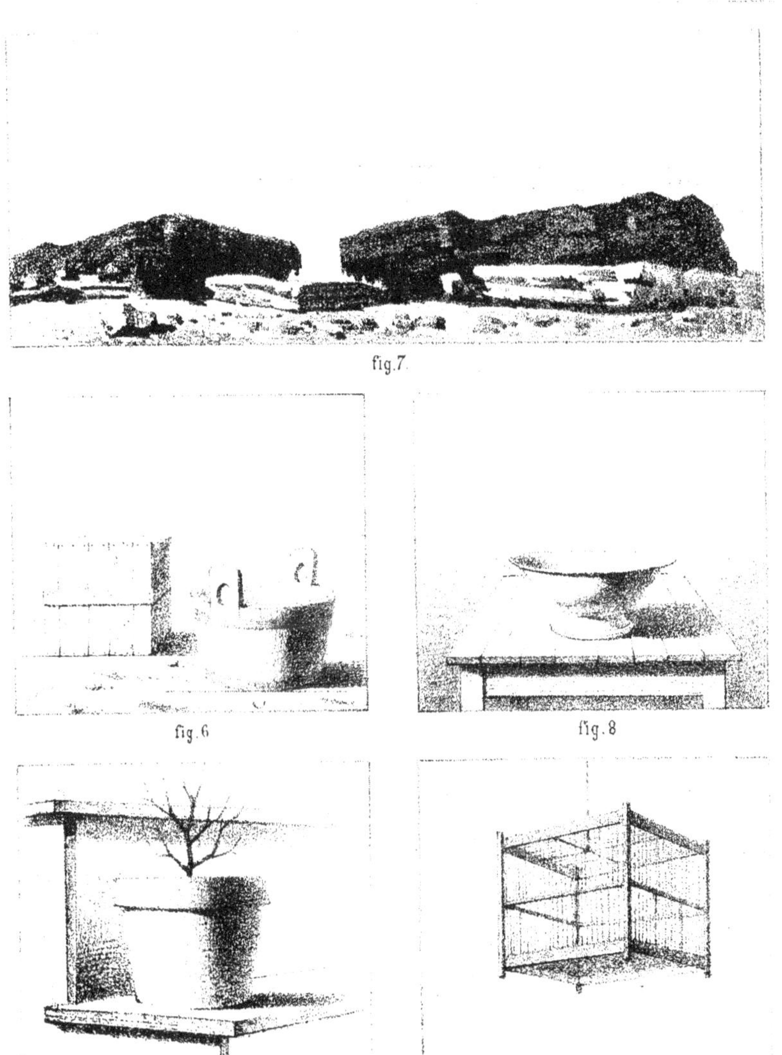

fig.7

fig.6

fig.8

fig 9

fig 10

Le point de fuite *naturel* (fig. 11) se trouve toujours placé sur la ligne d'horizon ; il est dit *principal* ou point de *vue*, on le représente par la lettre P, il se trouve toujours placé en face le spectateur. Semblent se diriger vers ce point toutes les lignes perpendiculaires au plan vertical et parallèles au plan horizontal (fig. 12) formant par conséquent un angle *droit*. Il est dit de *fuite* simplement et se trouve placé du côté droit ou gauche du spectateur ; on le représente par la lettre F. Vont aboutir à ce point toutes les lignes non perpendiculaires au plan vertical, mais toujours parallèles au plan horizontal (fig. 13). (Les lignes qui sont inclinées à 45°, formant un angle *demi-droit*, aboutissent à un point de fuite appelé point de *distance*).

Le point de fuite *accidentel* se trouve toujours placé *au-dessus* ou *au-dessous* de la ligne d'horizon. Vers ce point semblent se diriger toutes les lignes qui ne sont point parallèles au plan horizontal. En conséquence, si les lignes vont de bas en haut, leur point de fuite se trouve *au-dessus* de la ligne d'horizon. Si elles vont de haut en bas, leur point de fuite est *au-dessous* de la ligne d'horizon (On remarque que toutes les lignes parallèles ont leur apparence perspective au même point ; on les nomme pour cette raison *parallèles fuyantes*).

QUESTIONNAIRE

Combien distingue-t-on de points de fuite ? — Deux : point de fuite *naturel*, point de fuite *accidentel*.

Où se trouve le point de fuite naturel ? — Toujours sur la ligne d'horizon.

Combien y en a-t-il de sortes ? — Trois : le point de fuite *principal*, ou point de *vue*, le point de fuite de *distance*, et le point de *fuite* simplement.

Où se place le point de fuite principal ou point de vue ? — Toujours sur la ligne d'horizon en face le spectateur.

Quelles sont les lignes qui s'y dirigent ? — Toutes les lignes parallèles au plan horizontal et perpendiculaires au plan vertical, ou toutes les lignes forment un angle droit avec la ligne de terre.

Qu'appelle-t-on point de fuite de distance ? — Celui qui représente la distance qui existe entre le dessinateur et l'objet qu'il dessine.

Quelles sont les lignes qui y aboutissent ? — Toutes les lignes formant un angle demi-droit avec la ligne de terre.

Qu'appelle-t-on le point de fuite naturel ? — Le point qui se trouve sur la ligne d'horizon à gauche ou à droite du spectateur, vers lequel se dirigent les lignes qui ne forment ni un angle droit ni un angle demi-droit avec la ligne de terre.

Qu'appelle-t-on point de fuite accidentel ? — Le point qui se trouve au-dessous ou au-dessus de la ligne d'horizon, et vers lequel vont aboutir toutes les lignes non parallèles au plan horizontal.

SUITE DE LA LEÇON

OBSERVATIONS GÉNÉRALES SUR LA PERSPECTIVE

On remarque :

1° Que toute ligne *droite* reste droite dans son apparence perspective ;

2° Que la ligne *verticale* reste verticale ;

3° Que les horizontales parallèles restent horizontales et *parallèles* dans leur apparence perpective ;

4° Que toutes les lignes situées dans un plan parallèle aux tableaux diminuent de grandeur, mais ne subissent pas de déformation (On les appelle *vues de front*).

5° Que toutes les lignes parallèles au plan horizontal, perpendiculaires au plan vertical, ont leur apparence perspective au point de fuite *principal* ;

6° Que toutes parallèles au plan horizontal, mais non perpendiculaires au plan vertical, ont leur apparence perspective au point de fuite *naturel* ;

7° Que toutes lignes non parallèles au plan horizontal ont leur apparence perspective au point de fuite *accidentel*.

— ◦ —

fig.11

fig.12

fig.13

DES SOLIDES

4ᵉ LEÇON. — **Notions sur les Solides**

Qu'appelle-t-on solide ? — On appelle *solide* tout corps réunissant les trois dimensions de l'étendue : *longueur, largeur, épaisseur* (fig. 14).

Les solides se divisent en deux sortes : 1° Les solides *rectilignes ;* 2° Les solides *curvilignes.* Les solides rectilignes sont formés par des lignes droites ou des surfaces planes. Les solides curvilignes sont formés par des lignes courbes ou des surfaces circulaires.

Ceux formés par des surfaces planes sont au nombre de trois, savoir : la *pyramide,* le *cube,* le *prisme.*

Ceux formés par des surfaces circulaires sont au nombre de trois, savoir : le *cône,* le *cylindre,* la *sphère.*

QUESTIONNAIRE SUR LA LEÇON PRÉCÉDENTE

Le Maître rappellera les observations générales sur la perspective : 1° Que toute ligne droite reste droite dans son apparence perspective ; 2° Que la ligne verticale reste verticale, etc., puis continuera sur les solides.

Qu'appelle-t-on solide ? — Tout corps réunissant les trois dimensions de l'étendue : longueur, largeur, épaisseur.

Combien distingue-t-on de sortes de solides ? — Deux sortes : solides rectilignes, formés de lignes droites ou de surfaces planes ; solides curvilignes, formés par des lignes courbes ou surfaces circulaires.

Combien distingue-t-on de solides de chaque sorte ? — Trois, savoir : solides rectilignes, le cube, la pyramide, le prisme ; solides curvilignes, le cône, le cylindre, la sphère.

Solides rectilignes

Le Maître exécutera les figures indiquées.

Qu'est-ce qu'un cube ? — Le cube est un solide formé par six faces carrées égales et parallèles, et dont les angles sont droits (fig. 15).

Qu'est-ce qu'une pyramide ? — La pyramide est un solide dont la base est une surface rectiligne et le sommet un point *perpendiculaire* au milieu de la base (fig. 16). Elle a autant de faces que sa base a de côtés, ses faces sont des triangles.

Qu'est-ce qu'un prisme ? — Le prisme est un solide dont les bases sont des surfaces rectilignes parallèles et de même grandeur, ses côtés forment des rectangles (fig. 17). Il a autant de faces que de côtés à sa base.

Solides curvilignes

Qu'est-ce qu'un cône ? — Le cône est un solide dont la base est une circonférence et le sommet un point perpendiculaire au milieu de la base (fig. 18). Il est supposé formé par la révolution d'un triangle rectangle pivotant sur son angle droit (fig. 19).

Qu'est-ce qu'un cylindre ? — Le cylindre est un solide dont les bases sont des circonférences parallèles et d'un diamètre égal (fig. 20). Il est supposé formé par la révolution d'un rectangle pivotant sur un de ses côtés (fig. 21).

Qu'est-ce qu'une sphère ? — La sphère est un solide dont tous les points sont également distants d'un point intérieur appelé centre (fig 22). Elle représente de tous les côtés une circonférence.

Tous les objets appelés à être dessinés dérivent plus ou moins d'une de ces formes générales.

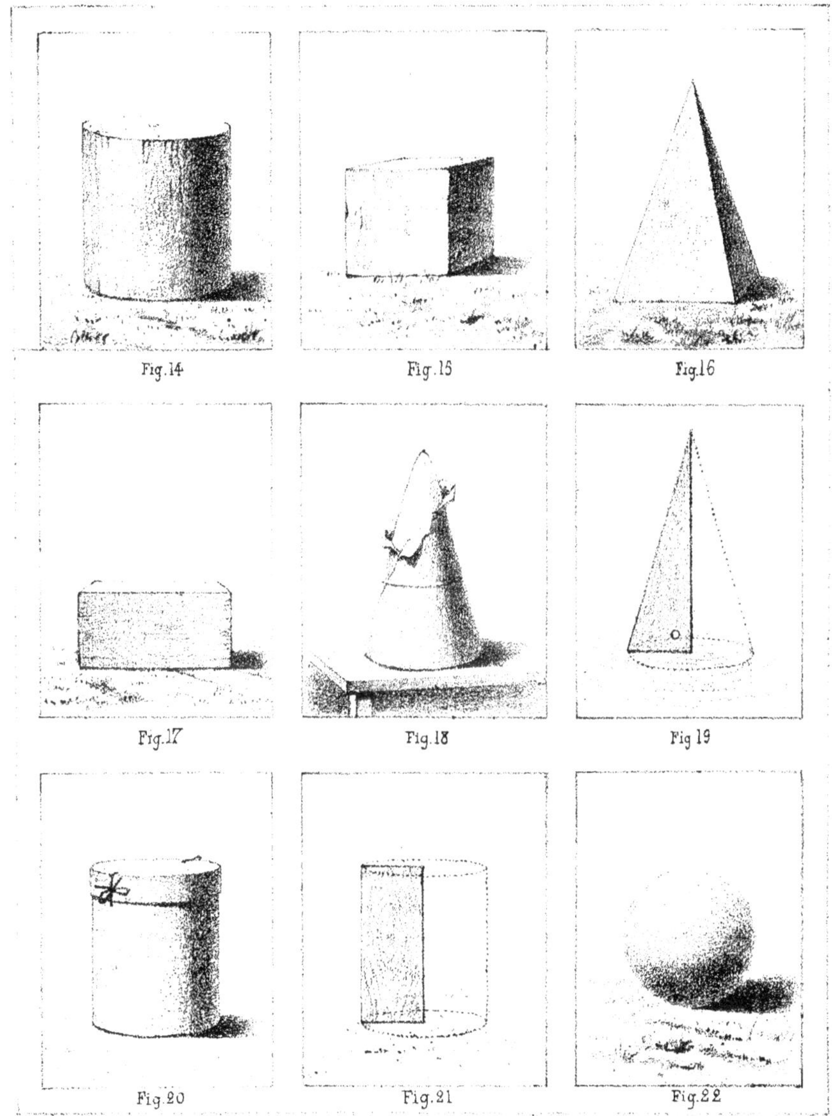

Fig.14
Fig.15
Fig.16
Fig.17
Fig.18
Fig 19
Fig.20
Fig.21
Fig.22

5e LEÇON. — **Des Surfaces en perspective**

QUESTIONNAIRE SUR LA LEÇON PRÉCÉDENTE

Qu'est-ce que le cube? — Le *cube* est un solide formé par six faces carrées égales et dont les angles sont droits ?

Qu'est-ce que la pyramide ? — La *pyramide* est un solide dont la base est une surface rectiligne et le sommet un point perpendiculaire au milieu de la base.

Qu'est-ce qu'un prisme ? — Le *prisme* est un solide dont les bases sont des surfaces rectilignes parallèles et de même grandeur, et dont les côtés forment des rectangles.

Qu'est-ce qu'un cône ? — Le *cône* est un solide dont la base est une circonférence et le sommet un point perpendiculaire au milieu de cette base.

Qu'est-ce qu'un cylindre ? — Le *cylindre* est un solide dont les bases sont des circonférences de même grandeur et parallèles entre elles.

Qu'est-ce qu'une sphère ? — La *sphère* est un solide dont le centre est un point et l'extérieur une circonférence.

OBSERVATION

Tous les objets appelés à être dessinés doivent toujours être ramenés à leur combinaison primitive. Ils auront toujours pour base une des surfaces rectilignes (carré ou rectangle), surface curviligne (circonférence).

Nous allons donner le sentiment de la conformation de ces surfaces dans leurs apparences perspectives dans les quatre positions suivantes, savoir :

1re position : en face le spectateur, bases parallèles à la ligne de terre (vue de front) ;

2° position : à gauche ; 3° position : à droite du spectateur, bases parallèles à la ligne de terre (vue de front);

4° position : ayant un angle touchant la ligne de terre ; et dans les trois cas par rapport à notre œil : 1° *Au-dessous ;* 2° A la *hauteur* ; 3° *Au-dessus*.

On obtient la forme, par le sentiment de l'observation, en enveloppant l'objet à dessiner par des droites verticales et horizontales, ces droites déterminent généralement un rectangle, soit en hauteur, soit en largeur, très peu souvent un carré. L'analyse de cette enveloppe se fait en se servant du crayon ou du fusain (fig. 23). Le bras tendu entièrement on place dans le sens vertical la pointe du crayon contre la ligne du haut, et on arrête avec le pouce la ligne du bas. Sans déranger le bras de sa longueur ni changer la tête on le tourne dans le sens horizontal, et on apprécie la longueur ou largeur par rapport à la hauteur déterminée.

Il pourra se trouver dans certains cas, et presque toujours, que la ligne servant d'unité ne soit pas comprise entièrement dans la ligne évaluée, la fraction de cette ligne devient l'unité qui sera ou *la moitié*, ou *le tiers*, ou *le quart*, etc., de la ligne unité première. Cette fraction pourra représenter le nombre 2 si c'est la moitié, le nombre 3 si c'est le tiers, le nombre 4 si c'est le quart, et la largeur sera ou de 1 en moins ou en plus (fig. 24). — Rapports de deux lignes droites entre elles, traitées dans le *Cours prépara-toire*, page 9, mois de février, suite du paragraphe premier : évaluation des droites entre elles. — Dans certains cas, il peut se trouver encore que le petit côté du rectangle soit compris plusieurs fois dans le grand, et que la dernière partie soit de nouveau fractionnée. Dans ce cas, on procède pour la dernière fraction comme ci-dessus, et on évalue ainsi (fig. 25), petit côté compris. 1 fois, 2 fois, 3 fois + 1/3 de fois par exemple, le nombre des rapports s'exprime $3 + 3 + 3 + 1$ ou 10×3 (unité).

Bien que ce travail soit simple, il est nécessaire d'y apporter beaucoup d'attention, car de l'analyse dépendra la justesse de l'objet. Il est presque certain que les premières fois donneront des insuccès, mais avec un peu de patience on aura vite acquis la justesse du coup d'œil, la précision de l'*à peu près*, car il ne faut pas avoir la prétention de faire *parfait*.

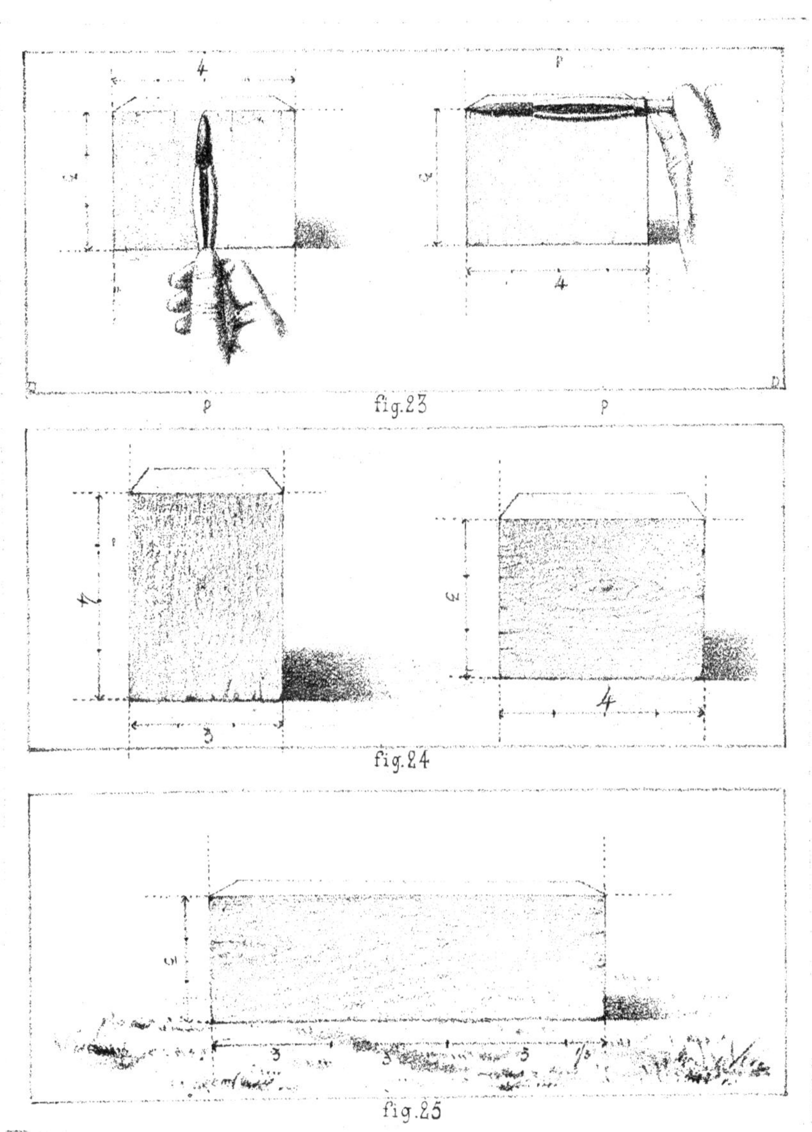

fig. 23

fig. 24

fig. 25

Du Carré

Qu'est-ce qu'un carré ? — Un carré est un quadrilatère formé de quatre côtés égaux et parallèles, et dont les angles sont droits.

1ʳᵉ POSITION : **En face le Spectateur.** — 1ᵉʳ CAS : **Au-dessous de l'œil** (fig. 26)

Les élèves exécuteront après que le Maître aura tracé et expliqué.

La base du carré étant parallèle à la ligne de terre ne subit aucune déformation. Les côtés du carré étant parallèles au plan horizontal, perpendiculaires au plan vertical, ont leur apparence perspective au point de fuite principal P (§ 5 des observations générales, page 8). Ils deviennent des parallèles fuyantes convergeant en un même point. Sa profondeur est obtenue par la diagonale allant aboutir au point de distance, point placé sur la ligne d'horizon, environ à trois fois la grandeur du carré du point P. Elevé à *la hauteur* de l'œil (2ᵉ cas, fig. 27), il devient une ligne droite horizontale. Placé *au-dessus* de la ligne d'horizon (3ᵉ cas, fig. 28), ses côtés se dirigent pour se réunir au même point de fuite principal P, et semblent descendre. Sa profondeur est obtenue par la diagonale allant aboutir au point de distance.

AU POINT DE VUE DE L'OBSERVATION

Nous remarquons : 1º Que le carré (fig. 26) enveloppé par des droites est inscrit dans un rectangle, rapports 5×1, que l'inclinaison des côtés est semblable, environ au 1/6 de sa base, et que les lignes semblent monter ; 2º Que le carré (fig. 28) est enveloppé dans un rectangle, rapports 1×6, que l'inclinaison des côtés est semblable, environ le 1/7 de sa base, et que les lignes semblent descendre.

NOTA. — Nos rapports correspondent à nos figures dans tout l'ouvrage. Le Maître fera en sorte de faire correspondre les siens avec les figures qu'il exécutera.

6º LEÇON. — 2ᵉ POSITION : **Carré à gauche du Spectateur.** — 1ᵉʳ CAS : **Au-dessous** (fig. 29)

Les élèves exécuteront après que le Maître aura tracé et expliqué.

Dans ce cas, le carré conserve le même parallélisme que dans la première position. *Au-dessous* de la ligne d'horizon, ses côtés semblent se diriger pour se réunir au même point de fuite P sur la ligne d'horizon et deviennent des lignes convergentes qui, en perspective, prennent le nom de *parallèles fuyantes* et semblent monter. La profondeur est obtenue par la diagonale allant aboutir au point de distance.

A *la hauteur* de l'œil, il devient une ligne droite (2ᵉ cas, fig. 30) ; *au-dessus* de l'œil, ses côtés semblent se diriger vers le même point sur la ligne d'horizon et paraissent descendre (3ᵉ cas, fig. 31). Sa profondeur est obtenue par la diagonale au point de distance.

AU POINT DE VUE DE L'OBSERVATION

Nous remarquons : 1º Que le carré *au-dessous* de la ligne d'horizon (fig. 29) est rectangle, rapports 6×1 ; 2º Que la ligne de gauche incline de 1/3 du grand côté du rectangle, et la ligne de droite de 1/12 ; 3º Le côté de front vaut les 11/12 de la base ; 4º Le carré *au-dessus* (fig. 31), rapports 6×1 ; 5º Que la ligne de gauche incline de 2/5 du grand côté, et la ligne de droite de 1/10 ; 6º Le côté de front vaut les 9/10 de la base du rectangle.

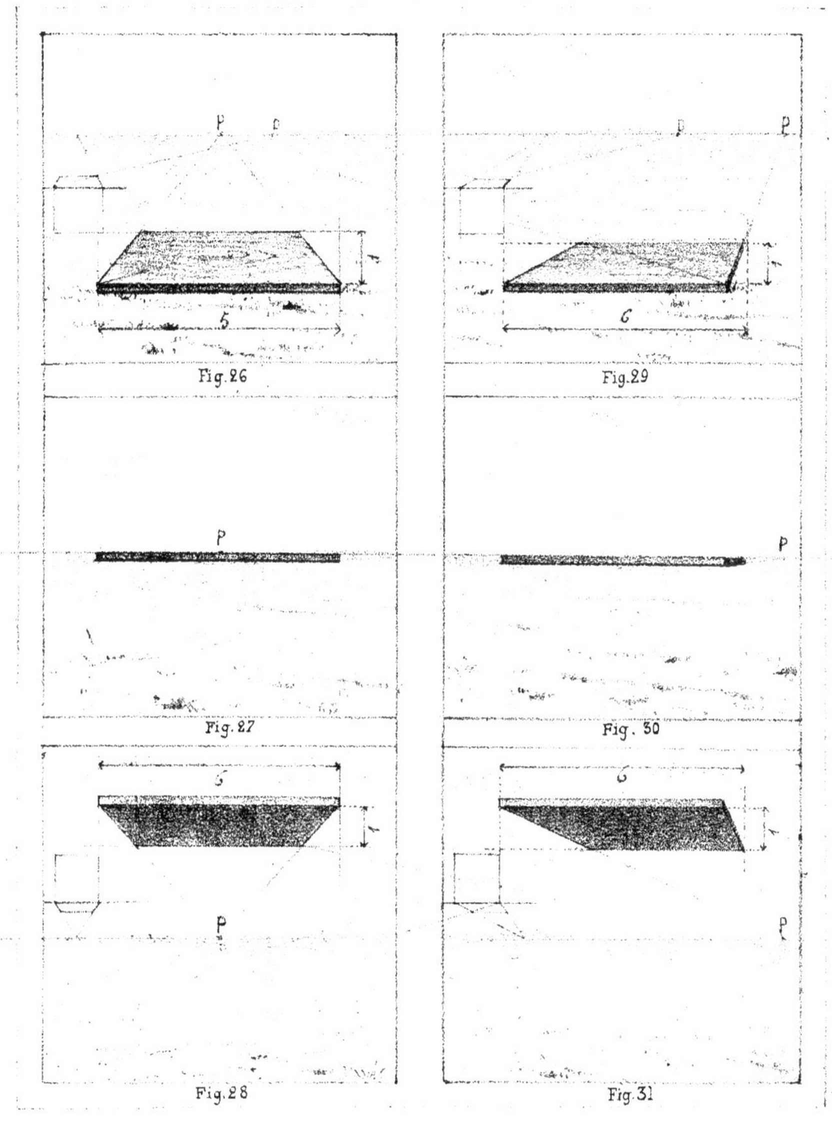

Fig. 26

Fig. 29

Fig. 27

Fig. 30

Fig. 28

Fig. 31

7ᵉ LEÇON. — **3ᵉ Position** : **Carré à droite du Spectateur.** — **1ᵉʳ Cas** : **Au-dessous** (fig. 32)

Les élèves exécuteront après que le Maître aura tracé et expliqué.

Les côtés du carré restant parallèles à la ligne de terre sont dits : vus de front. Les autres étant parallèles au plan horizontal, perpendiculaires au plan vertical, formant par conséquent un angle droit, ont leur apparence perspective au point de fuite principal P, et deviennent des parallèles fuyantes. Sa profondeur est obtenue par la diagonale qui, formant un angle demi-droit avec la ligne de terre, a son apparence perspective au point de fuite de distance (des points de fuite, page 8), point placé à trois fois la grandeur de l'objet du point P, sur la ligne d'horizon,

2ᵒ Cas : **A la hauteur de l'œil** (fig. 33)

Ce carré devient une ligne droite.

3ᵉ Cas : **Au-dessus de l'œil** (fig. 34)

Les côtés du carré conservant leur parallélisme avec la ligne de terre sont dits vus de front. Les autres formant un angle demi-droit avec cette ligne auront leur apparence perspective au point de fuite principal P et sembleront descendre. Sa profondeur sera obtenue par la diagonale qui, formant un angle demi-droit avec la ligne de terre, a son apparence perspective au même point de fuite de distance, point dont la disposition est expliquée plus haut.

AU POINT DE VUE DE L'OBSERVATION

Nous remarquons: 1º Que le carré (fig. 32) enveloppé par des droites se trouve inscrit dans un rectangle, rapports 7×1 ; 2º Que le grand côté du carré, en bas, a les 13/14 de l'ensemble, et celui du haut les 5/7 ; 3º Que celui du haut (fig. 34) présente un rectangle, rapports 7×1 ; 4º Que le côté du bas a les 5/7 et celui du haut les 13/14.

8ᵉ LEÇON. — **4ᵉ Position** : **Carré ayant un point de contact à la Ligne de terre**
1ᵉʳ Cas : **Au-dessous de l'œil** (fig. 35)

Les élèves exécuteront après que le Maître aura tracé et expliqué.

L'apparence perspective des côtés du carré n'est plus au point de fuite principal P, mais au point de fuite naturel F (§ 6 des observations générales, page 8), sur la ligne d'horizon. Les uns vont de droite à gauche pour se réunir au point de fuite placé du côté gauche, les autres vont de gauche à droite pour se réunir au point de fuite placé du côté droit; tous semblent monter.

2ᵒ Cas : **A la hauteur de l'œil** (fig. 36)

Le carré devient une ligne droite horizontale.

3ᵉ Cas : **Au-dessus de l'œil** (fig. 37)

La direction de ses côtés est au point de fuite F, les uns du côté gauche, les autres du côté droit; ils semblent descendre.

AU POINT DE VUE DE L'OBSERVATION

Nous remarquons : 1º Que le carré (fig. 35) se trouve enveloppé dans un rectangle, rapports 6×1 ; 2º Que le point de contact de l'angle se trouve environ au milieu de la base ; 3º Le côté gauche semble monter à la moitié, le côté droit aux 3/5, le point de contact du haut à la moitié (Les remarques pour la fig. 37, *au-dessus*, se font de la même façon).

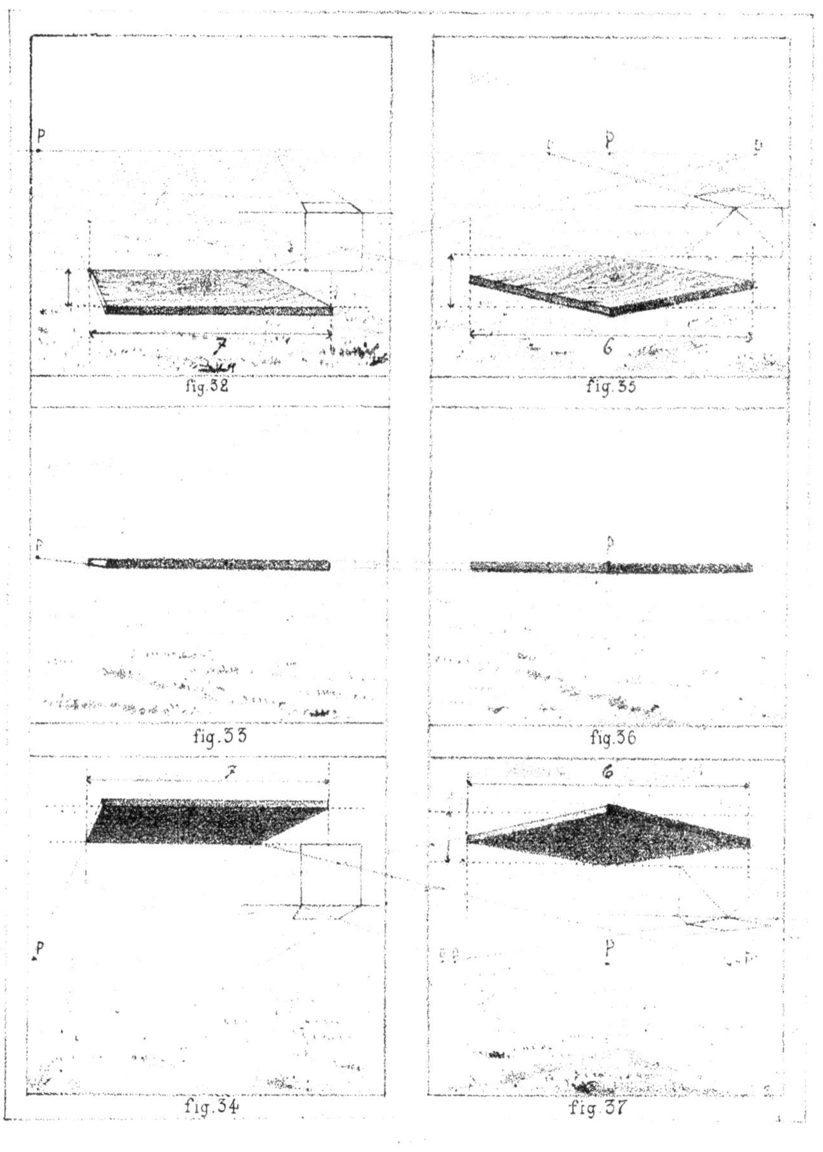

fig.32
fig.35
fig.33
fig.36
fig.34
fig.37

9ᵉ LEÇON. — **Surfaces curvilignes** — **De la Circonférence**

OBSERVATIONS

Toute ligne courbe, pour la régularité de sa construction, doit être enveloppée de droites. Une circonférence courbe régulière, enveloppée par des droites, se trouve inscrite dans une surface rectiligne régulière : carré.

APPLICATION

1ʳᵉ POSITION : **En face le Spectateur.** — 1ᵉʳ CAS : **Au-dessous** (fig. 38)

Le Maître prendra pour le sujet de sa leçon la première position.
Les élèves exécuteront après que le Maître aura tracé et expliqué.

La circonférence se trouve enveloppée dans un carré dont les apparences perspectives vont au point de fuite principal P (fig. 38), et dont la profondeur est obtenue par la diagonale allant au point de distance. En traçant les diagonales de ce carré perspectif, nous avons son centre, où passent les diamètres vertical et horizontal. Le diamètre vertical, parallèle aux côtés du carré, a son apparence perspective au point de fuite principal P. Le diamètre horizontal, parallèle aux côtés du carré (vue de front), reste horizontal. Par le tracé de ces diamètres, nous avons les quatre points de contact de la circonférence au carré perspectif. Le passage de la circonférence sur les diagonales se trouve en menant le point de la circonférence *géométrale* A à la ligne de terre, puis au point de fuite principal P (dans ce cas, la circonférence se présente vue en *dessus*).

2ᵉ CAS : **A la hauteur de l'œil** (fig. 39)

Cette circonférence devient une *ligne droite horizontale*.

3ᵉ CAS : **Au-dessus de l'œil** (fig. 40)

Elle présente la même combinaison de construction : carré perspectif (vue de front), direction de ses côtés vers le point de fuite principal P. Profondeur obtenue par la diagonale au point de *distance*. Par le tracé des diagonales, nous trouvons son centre, où passent le diamètre vertical pour se diriger au point de fuite principal P, et le diamètre horizontal parallèles aux côtés du carré (vue de front).

PAR L'OBSERVATION

Nous remarquons : 1° Que la circonférence (fig. 38) se trouve inscrite dans un rectangle, rapports 6×1, le diamètre horizontal est représenté par le grand côté du rectangle, et le diamètre vertical par le petit côté ; 2° Que le diamètre horizontal semble couper le diamètre vertical aux 3/5, le nombre 3 pour la fraction en avant, vers le spectateur, le nombre 2 pour la fraction en arrière (cette observation existe pour toutes les circonférences perspectives face au spectateur, quelle qu'en soit la profondeur, rapports 3×2).

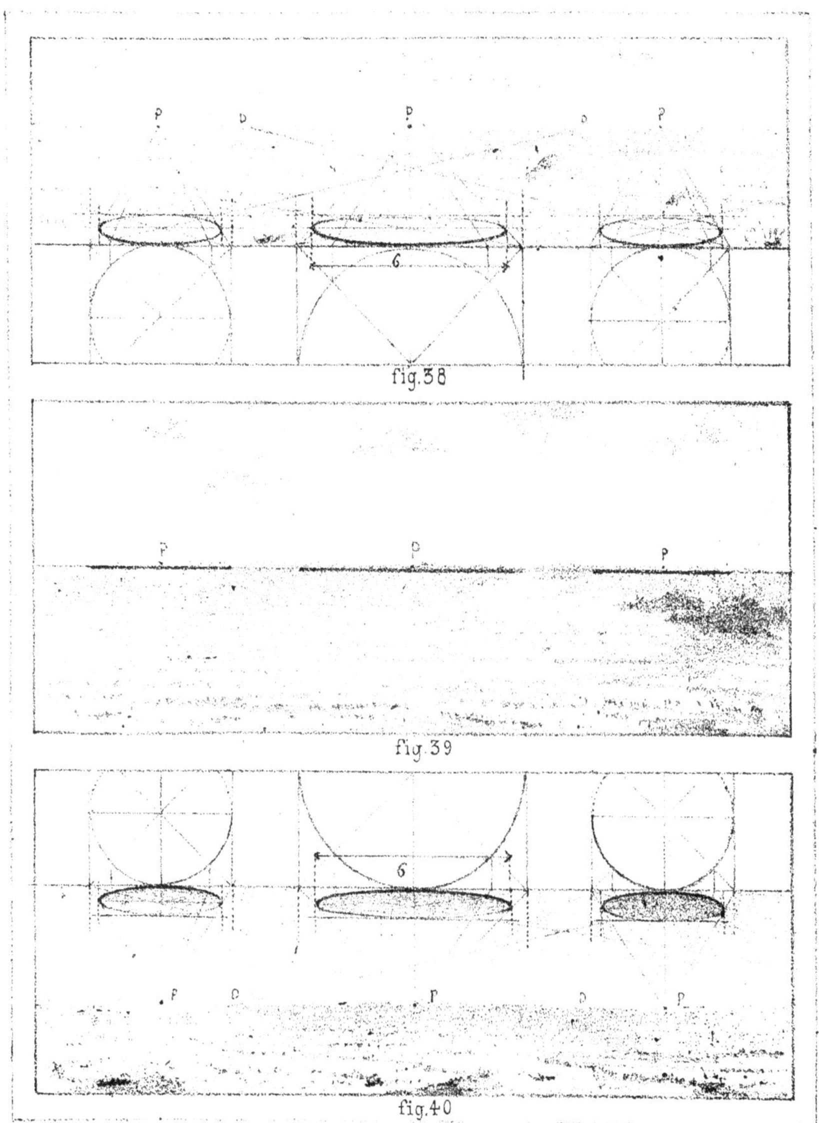

fig. 38

fig. 39

fig. 40

10ᵉ LEÇON. — 2ᵉ POSITION : **A droite du Spectateur** — 1ᵉʳ CAS : **Au-dessous** (fig. 41)

Cette leçon est facultative à gauche et à droite.
Les élèves exécuteront après que le Maître aura tracé et expliqué.

La circonférence placée du côté droit se trouve inscrite dans un carré parallèle à la ligne de terre (vue de front). La direction apparente de ses côtés est vers le point principal P. La profondeur est obtenue par la diagonale au point de distance. Les diagonales tracées donnent le centre, où passent le diamètre horizontal, parallèle aux côtés (de front), et le diamètre vertical parallèle aux côtés montant au point principal P. En menant les points complémentaires sur les diagonales à la ligne de terre et au point principal P, nous avons les huit points déterminés (Circonférence vue en *dessus*).

2ᵉ CAS : A la hauteur de l'œil (fig. 42)

La circonférence devient une ligne droite.

3ᵉ CAS : Au-dessus (fig. 43)

Une circonférence vue en *dessous* dont les apparences perspectives sont les mêmes que la circonférence vue en *dessus* (fig. 41).

PAR L'OBSERVATION

Nous remarquons : 1º Que la circonférence, vue *au-dessous* (fig. 41), se trouve inscrite dans un rectangle, rapports 7 × 1 : 2º Que le diamètre horizontal semble couper le diamètre vertical aux 2/5 ; 3º Que la circonférence, vue *au-dessus* (fig. 43), se trouve inscrite dans un rectangle, rapports 6 × 1, et que le reste se trouve dans les mêmes combinaisons.

11ᵉ LEÇON. — 3ᵉ POSITION : **A gauche du Spectateur.** — 1ᵉʳ CAS : **Au-dessous** (fig. 44) ;

La circonférence se trouve inscrite dans un carré dont la base est parallèle à la ligne de terre (vue de front). Ses apparences perspectives sont au point de fuite principal P, et sa profondeur est obtenue par la diagonale au point de distance. Le tracé de ses diagonales donne son centre, où passent le diamètre horizontal, parallèle aux côtés (vue de front), et le diamètre vertical, parallèle aux côtés perpendiculaires au plan vertical.

2ᵉ CAS : A la hauteur de l'œil (fig. 45)

Cette circonférence devient une ligne droite.

3ᵉ CAS : Au-dessus (fig. 46)

Une circonférence inscrite dans un carré dont les apparences perspectives sont au point de fuite principal P, et dont la profondeur est obtenue par la diagonale au point de distance. Le diamètre horizontal coupe le diamètre vertical aux 3/5, et leur contact au carré donne les points principaux.

PAR L'OBSERVATION

Nous remarquons : 1º Que la circonférence, vue *au-dessous* (fig. 44), semble être inscrite dans un rectangle, rapports 7 × 1 ; 2º Que le diamètre horizontal coupe le diamètre vertical aux 3/5 ; 3º Que la circonférence semble un peu déformée ; 4º Que la circonférence, vue *au-dessus* (fig. 46), se trouve inscrite dans un rectangle, rapports 6 × 1, et que le reste se trouve dans les mêmes combinaisons.

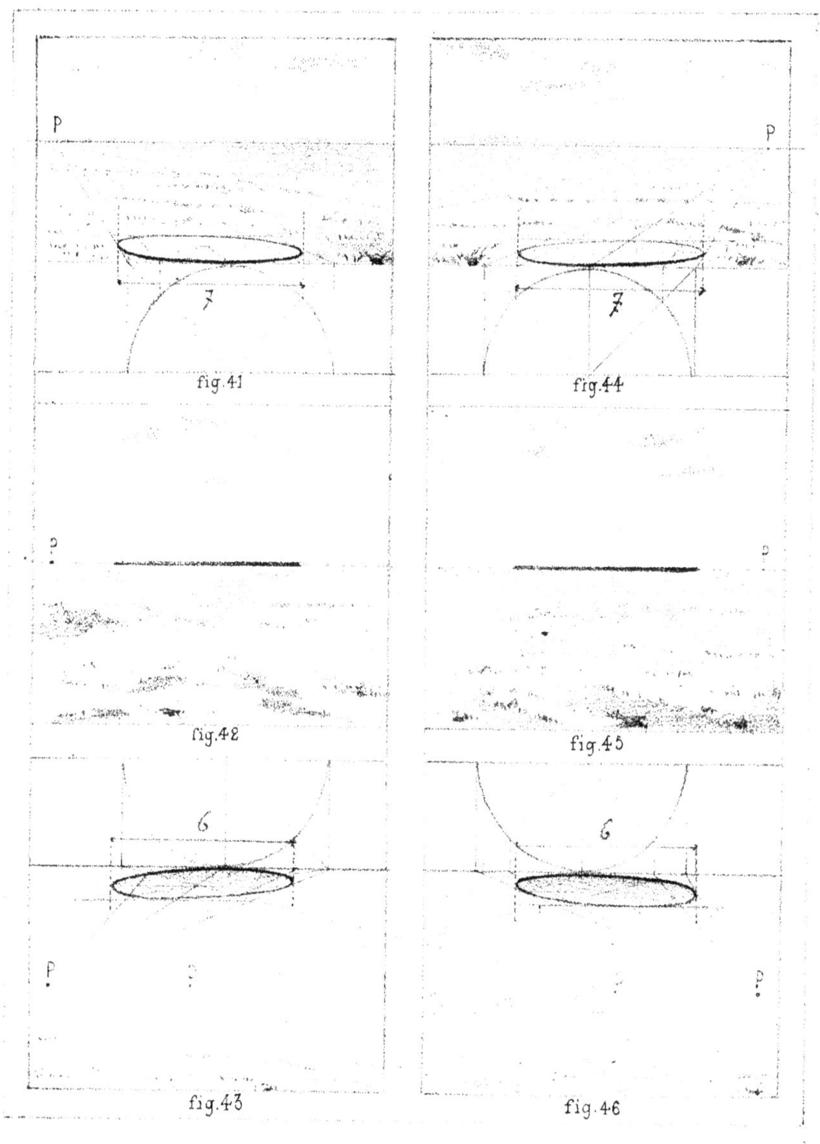

fig. 41

fig. 44

fig. 42

fig. 45

fig. 43

fig. 46

12ᵉ LEÇON. — Solides en perspective

Le Maître prendra pour sujet de la leçon les 1ʳᵉ et 4ᵉ positions.

Du Cube

OBSERVATIONS

Les solides rectilignes sont au nombre de trois : le cube, la pyramide, le prisme.

Le cube est un solide formé de six faces carrées égales. parallèles, et dont les angles sont droits.

1ʳᵉ Position : En face le Spectateur. — 1ᵉʳ Cas : Au-dessous de l'œil (fig. 47)

Les élèves exécuteront après que le Maître aura tracé. et se contenteront de faire le trait.

Le Maître donnera les explications ci-dessous, qu'il complétera s'il le juge à propos.

Le solide, placé parallèlement à la ligne de terre (vue de front), laisse voir ses bases ; leur direction apparente est le point de fuite principal P. leur profondeur est obtenue par la diagonale allant au point de fuite de distance. Il est à remarquer qu'en général, dans une opération perspective de démonstration, ce point se place à une distance égalant environ trois fois la grandeur du sujet.

PAR L'OBSERVATION

Nous remarquons : 1° Que le solide étant au-dessous de la ligne d'horizon, laisse apercevoir sa face supérieure, que cette face paraît, à l'œil, valoir environ le 1/3 de la hauteur du solide ; 2° Que la face inférieure paraît plus grande que la face supérieure, tout en conservant entre elles leur parallélisme, elle vaut environ le 1/3 de la hauteur ; 3° Que ces faces, étant parallèles entre elles, perpendiculaires au plan vertical, la direction apparente de leurs côtés est au point de vue P ; 4° Qu'en élevant aux angles du carré perspectif du bas des droites verticales. elles correspondent aux angles du carré perspectif du haut et deviennent les arêtes du solide.

2ᵉ Cas : A la hauteur de l'œil (fig. 48)

Le solide étant à la hauteur de l'œil, la base supérieure se termine par une ligne droite, la face inférieure, parallèle à la ligne de terre (vue de front), a la direction apparente de ses côtés au point de fuite principal P. Sa profondeur est obtenue par la diagonale allant au point de fuite de distance.

PAR L'OBSERVATION

Nous remarquons : 1° Que la face inférieure seule est visible · 2° Qu'elle a en profondeur le 1/4 de la hauteur.

3ᵉ Cas : Au-dessus de l'œil (fig. 49)

Les bases étant parallèles à la ligne de terre (vue de front), perpendiculaires au plan vertical, la direction apparente de leurs côtés sera au point de vue P. La profondeur sera obtenue par la diagonale du carré perspectif allant aboutir au point de fuite de distance (environ trois fois la grandeur de la figure partant du point P).

PAR L'OBSERVATION

Nous remarquons : 1° Que le solide est coupé par la ligne d'horizon environ aux 3/4 de sa hauteur ; 2° Que la base inférieure semble monter et la base supérieure descendre, néanmoins que leurs côtés semblent se diriger au même point (point de vue) : 3° Que la base du bas paraît plus profonde que celle du haut. Celle du haut vaut environ le 1/18 de la hauteur, et celle du bas le 1/5 ; 4° Qu'en élevant des droites aux angles de la base inférieure, elles correspondent aux angles de la base supérieure et deviennent les arêtes du solide.

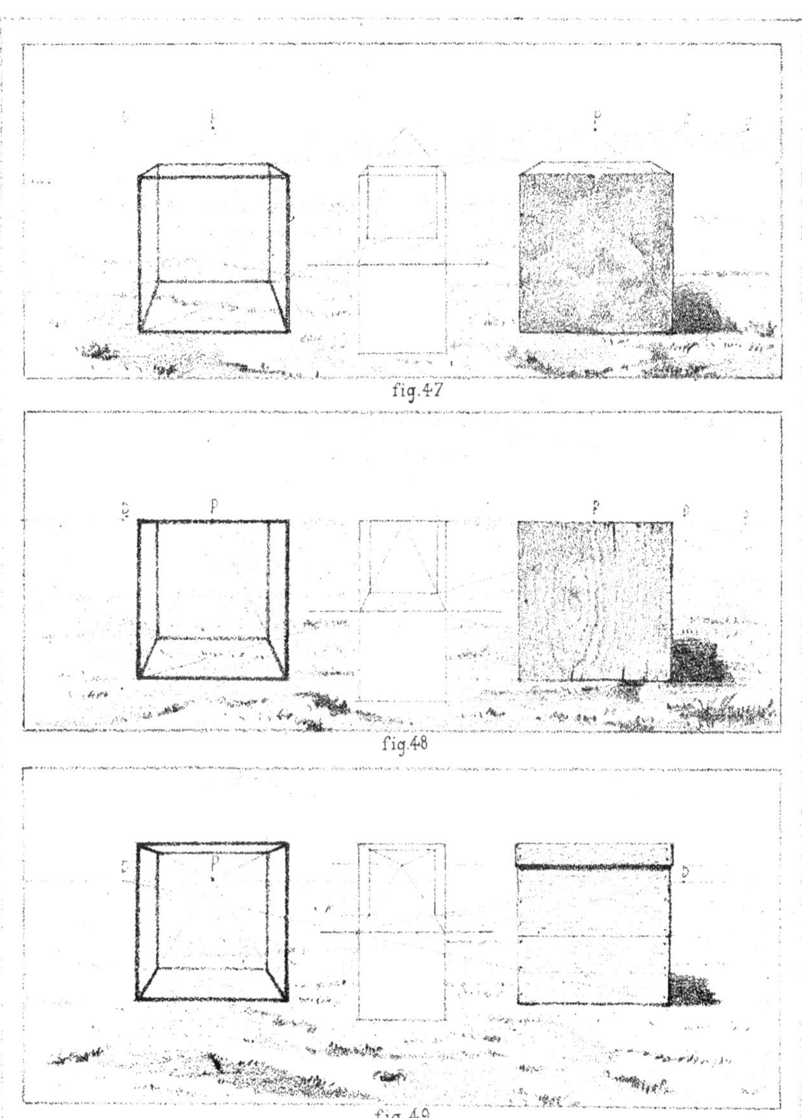

fig.47

fig.48

fig.49

2ᵉ Position : **A gauche du Spectateur.** — 1ᵉʳ Cas : **Au-dessous de l'œil** (fig. 50)

Nous donnons ces positions pour servir de renseignements au professeur.

Base parallèle à la ligne de terre (vue de front).

Le solide laisse voir ses bases qui, étant parallèles au plan horizontal et perpendiculaires au plan vertical, formant par conséquent un angle droit (application des points de fuite) auront leur apparence perspective au point de fuite principal P. Leur profondeur sera obtenue par la diagonale du carré allant aboutir au point de distance, point placé sur la ligne d'horizon (environ trois fois la grandeur de la figure partant du point P).

2ᵉ Cas : **A la hauteur de l'œil** (fig. 51)

Le solide étant à la hauteur de la ligne d'horizon, sa face supérieure devient une ligne droite, la base inférieure seule est *visible*, étant parallèle au plan horizontal, perpendiculaire au plan vertical, formant par conséquent un angle droit avec la ligne de terre, aura sa direction apparente au point de fuite principal P. Sa profondeur sera obtenue par la diagonale allant aboutir au point de distance.

3ᵉ Cas : **Au-dessus de l'œil** (fig. 52)

Les bases étant parallèles au plan horizontal, perpendiculaires au plan vertical, formant un angle droit avec la ligne de terre, auront leur apparence perspective au point de fuite principal P. Leur profondeur sera obtenue par la diagonale du carré allant aboutir au point de distance.

NOTA. — Dans cette position, la base inférieure semble monter et la base supérieure descendre.

3ᵉ Position : **A droite du Spectateur** (fig. 53). — 1ᵉʳ Cas : **Au-dessus de l'œil**

Base parallèle à la ligne de terre (vue de front).

Le solide placé à droite du spectateur, parallèle au plan horizontal, perpendiculaire au plan vertical, formant, comme dans l'étude précédente (position à gauche du spectateur), un angle droit avec la ligne de terre, a la direction apparente des côtés de ses bases au point de fuite principal P. Leur profondeur est obtenue par la diagonale allant au point de distance.

2ᵉ Cas : **A la hauteur de l'œil** (fig. 54)

Le solide, placé parallèlement au plan horizontal et à la ligne de terre perpendiculairement au plan vertical, a la direction apparente des côtés de sa base au point de fuite principal P. Sa profondeur est obtenue par la diagonale allant aboutir au point de distance.

NOTA. — Dans cette position une seule face est visible.

3ᵉ Cas : **Au-dessus de l'œil** (fig. 55)

Le solide, placé parallèlement à la ligne de terre et au plan horizontal, perpendiculairement au plan vertical, a la direction apparente des côtés de ses bases au point de fuite principal P. La profondeur de sa base est obtenue par la diagonale du carré au point de fuite de distance.

NOTA. — Dans cette position, la base inférieure semble monter et la base supérieure descendre.

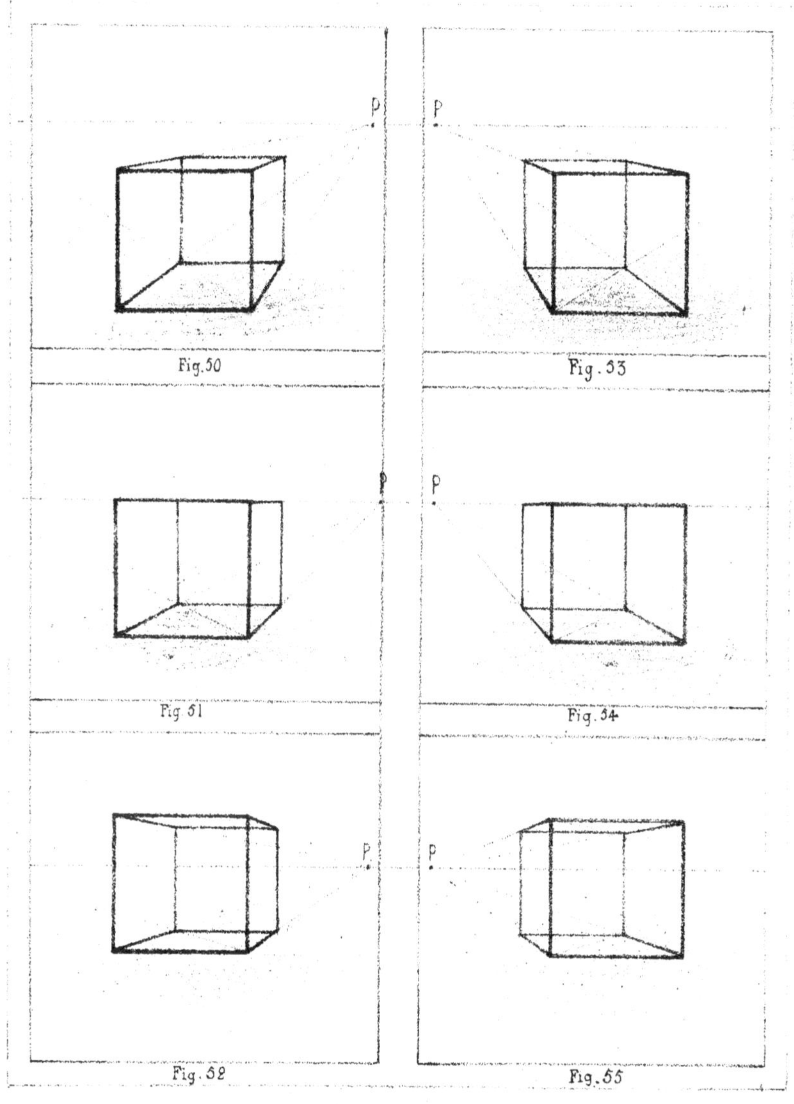
p
p
Fig. 50
Fig. 53
p
p
Fig. 51
Fig. 54
p
p
Fig. 52
Fig. 55

13ᵉ LEÇON. — 4ᵉ Position : **Un angle touchant la ligne de terre**

Dans les trois cas par rapport au spectateur : au-dessous, à la hauteur et au-dessus.

1ᵉʳ Cas : **Au-dessous de l'œil** (fig. 56)

Les élèves exécuteront après que le Maître aura tracé. Il donnera les explications ci-dessous, qu'il complétera s'il le juge à propos.

NOTA. — Dans presque tous les cas, les sujets sont placés dans une position analogue, avec les faces plus ou moins semblables. L'opération paraît donc être plus naturelle dans cette position que dans toutes les précédentes.

Dans cette position, le solide n'ayant qu'un angle en contact avec la ligne de terre, ses côtés n'étant plus perpendiculaires au plan vertical, mais restant néanmoins parallèles au plan horizontal, ont leur direction apparente au point de fuite naturel (sur la ligne d'horizon) ; les uns vont de droite à gauche, les autres de gauche à droite, toutes pour se réunir à leur point de fuite respectif. Cette position du solide étant en géométral inclinée à 45°, formant par conséquent un angle demi-droit avec la ligne de terre, la direction des lignes sera au point de fuite de distance placé du côté gauche et du côté droit du point de fuite principal et à une égale distance.

PAR L'OBSERVATION

Nous remarquons : 1° Que le solide placé au-dessous de la ligne d'horizon présente sa face supérieure ; 2° Que cette face supérieure paraît moins profonde que la face inférieure ; 3° Que l'ensemble du dessin présente une forme rectangle, rapports 3 × 4 ; 4° Que le point de contact de l'angle se trouve au milieu de la base ; 5° Que dans la face inférieure les lignes montent environ au 1/5 de la hauteur du côté droit et au 1/5 du côté gauche ; 6° Que dans la face supérieure, les lignes montent moins rapidement, qu'elles semblent monter du côté droit environ au 1/10 de la hauteur, et du côté gauche également. Néanmoins ces lignes, étant en réalité des parallèles linéaires, ont un point de fuite commun, l'un placé du côté droit, l'autre placé du côté gauche du point principal P.

NOTA. — Ce point se trouve environ à trois fois la grandeur du solide, partant du point principal.

2ᵉ Cas : **A la hauteur de l'œil** (fig. 57)

PAR L'OBSERVATION

Nous remarquons : 1° Que la ligne d'horizon étant à la hauteur de l'œil limite le solide, la face supérieure présente une ligne droite ; 2° Que la base inférieure seule monte, du côté gauche environ du 1/6 de la hauteur et du côté droit de même, et que l'ensemble est rectangle, rapports 3 × 4.

3ᵉ Cas : **Au-dessus de l'œil** (fig. 58)

PAR L'OBSERVATION

Nous remarquons : 1° Que les lignes de la base inférieure montent, tandis que les lignes du haut descendent, étant parallèles linéaires elles ont le même point de fuite ; 2° Que les lignes du bas montent du 1/8 de la hauteur totale, et les lignes du haut descendent du 1/14 du côté gauche, et du côté droit elles montent du 1/8 de la hauteur totale en bas, et descendent du 1/14 dans le haut ; 3° Que la ligne d'horizon coupe le solide environ au 1/3, et que l'ensemble du solide est rectangle, rapports 3 × 4.

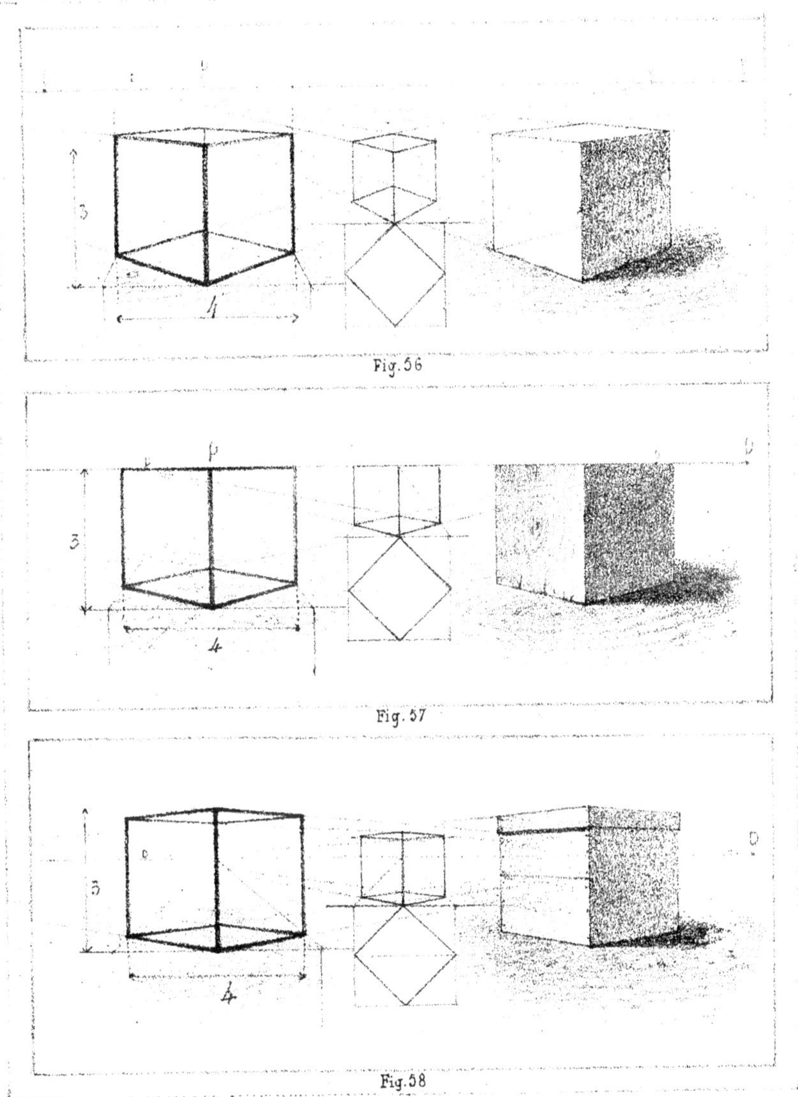

Fig. 56

Fig. 57

Fig. 58

14ᵉ LEÇON. — Des Pyramides

Qu'appelle-t-on pyramide ? — On appelle pyramide tout solide ayant pour base une surface rectiligne et pour sommet un point perpendiculaire au milieu de la base.

1ʳᵉ Position : En face le Spectateur

Base parallèle à la ligne de terre (vue de front) dans les trois cas : au-dessous, à la hauteur, au-dessus (pyramides tronquées, base quadrangulaire carrée).

1ᵉʳ Cas : Au-dessous de l'œil (fig. 59)

Les élèves exécuteront après le tracé du Maître, il donnera les explications ci-dessous, qu'il complétera s'il le juge nécessaire.

La pyramide présente ici ses deux faces qui, étant parallèles entre elles et au plan horizontal, perpendiculaires au plan vertical, ont la direction apparente de leurs côtés au point de fuite principal P. Leur profondeur est obtenue par la diagonale allant au point de distance. Leur intersection donne le centre du carré duquel s'élève la perpendiculaire sur laquelle se trouve le sommet. Les angles du carré des bases deviennent les arêtes de la pyramide.

PAR L'OBSERVATION

Nous remarquons : 1° Qu'en limitant cette pyramide par des droites, nous avons un rectangle, rapports 4×7 ; 2° Que les deux faces semblent monter. celle du bas aux 2/5 de la hauteur, celle du haut du 1/7 de sa longueur, qui égale les 4/7 de la base environ.

2ᵉ Cas : A la hauteur de l'œil (fig. 60)

Le base de la pyramide étant parallèle à la ligne de terre et au plan horizontal, perpendiculaire au plan vertical, la direction apparente des côtés de sa base est vers le point de fuite principal P. En menant la diagonale au point de distance, nous avons sa profondeur, et par leur intersection, nous avons le centre du carré, duquel s'élève une droite perpendiculaire sur laquelle se trouve le sommet. Les angles du carré deviennent les arêtes de la pyramide.

PAR L'OBSERVATION

Nous remarquons : 1° Que la pyramide étant tronquée à la hauteur de l'œil, elle présente une ligne droite ; 2° Qu'elle semble être enveloppée dans un rectangle, rapports 3×4 ; 3° Que la base semble monter, et que sa profondeur vaut le 1/4 de la hauteur du rectangle ; 4° Que la largeur de la base supérieure vaut les 3/7 de la base inférieure, et qu'en prolongeant les arêtes des côtés on trouve son sommet naturel.

3ᵉ Cas : Au-dessus de l'œil (fig. 61)

La pyramide ayant sa base parallèle à la ligne de terre et au plan horizontal, perpendiculaire au plan vertical, a la direction apparente des côtés de ses bases au point de fuite principal P. Leur profondeur est obtenue par la diagonale allant au point de fuite de distance, et leur intersection donne le centre, duquel s'élève une perpendiculaire sur laquelle se trouve le sommet. Les angles du carré deviennent les arêtes de la pyramide.

PAR L'OBSERVATION

Nous remarquons : 1° Que la pyramide semble être enveloppée dans un rectangle, rapports 7×8 ; 2° Que la base inférieure a en profondeur le 1/5 de sa hauteur ; 3° Que la face supérieure descend, tandis que celle du bas monte, qu'elle a en profondeur le 1/6 de sa longueur, qui égale le 1/3 de la base environ ; 4° Que la ligne d'horizon semble couper la pyramide au 1/3 de sa hauteur.

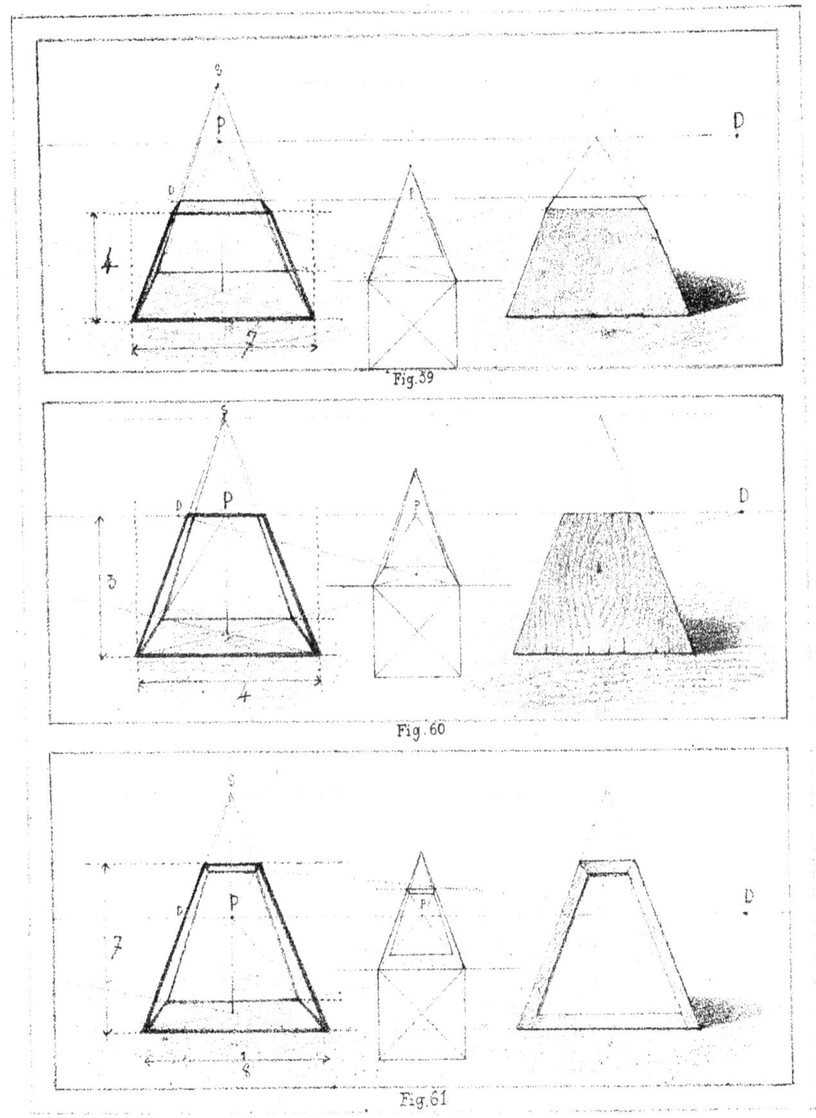

Fig. 59

Fig. 60

Fig. 61

15ᵉ LEÇON. — 4ᵉ POSITION : Pyramides ayant un angle en contact avec la ligne de terre

Dans les trois cas : au-dessous, à la hauteur, au-dessus de l'œil.

1ᵉʳ CAS : Au-dessous de l'œil (fig. 62)

Le Maître exécutera d'abord le sujet, puis donnera les explications ci-dessous, qu'il complétera s'il le juge à propos. Les élèves exécuteront après.

Dans cette position, aucune des faces n'étant parallèle à la ligne de terre, mais néanmoins parallèles au plan horizontal, la direction apparente des lignes des bases est au point de fuite naturel (sur la ligne d'horizon), les unes montent du côté gauche, les autres du côté droit pour se réunir toutes au point de fuite particulier à leur direction qui est ici le point de distance.

PAR L'OBSERVATION

Nous remarquons : 1° Que la pyramide est enveloppée dans un rectangle, rapports 1×2 ; 2° Que le point de contact de l'angle à la ligne de terre est au milieu de la base ; 3° Que le solide étant tronqué au-dessous de l'œil, il laisse voir sa face supérieure ; 4° Que la montée de la base inférieure, côté gauche, vaut le 1/3 de la hauteur, et celle du côté droit de même ; 5° Que la montée des lignes de la face supérieure est moins rapide que celle de la face inférieure, qu'elle vaut environ le 1/10 de la hauteur du côté gauche, et de même du côté droit ; 6° Que la largeur est égale aux 3/5 de la base, et qu'en prolongeant les arêtes de la pyramide, on trouve son sommet correspondant au milieu de la base.

2° CAS : A la hauteur de l'œil (fig. 63)

(Après avoir tracé, le Maître donnera l'appréciation.)

PAR L'OBSERVATION

Nous remarquons : 1° Que la pyramide, limitée par des droites, est inscrite dans un rectangle, rapports 3×5 ; 2° Que le point de contact de l'angle à la ligne de terre est au milieu de la base ; 3° Que le solide étant tronqué à la hauteur de l'œil, la face supérieure devient ligne droite ; 4° Que les lignes de la base semblent monter du côté gauche au 1/5 de la hauteur, et celles du côté droit de même ; 5° Que la base supérieure vaut la 1/2 de la base inférieure ; 6° Qu'en prolongeant les arêtes du solide on détermine le sommet correspondant au milieu de la base.

3° CAS : Au-dessus (fig. 64)

(Après avoir exécuté le sujet, le Maître donnera l'appréciation.)

PAR L'OBSERVATION

Nous remarquons : 1° Que la ligne d'horizon semble couper le solide environ au 1/3 de sa hauteur ; 2° Que l'ensemble du dessin se trouve dans les rapports 3×4 ; 3° Que le point de contact de l'angle est au milieu de la base ; 4° Que la base inférieure monte et celle du haut descend, que les côtés de la base inférieure montent du côté gauche au 1/7 de la hauteur et ceux du côté droit de même ; 5° Que la base supérieure vaut le 1/3 de la base inférieure, et que la descente de ses lignes est du 1/8 de sa longueur ; 6° Qu'en prolongeant les arêtes de la pyramide, on détermine le sommet correspondant au milieu de la base.

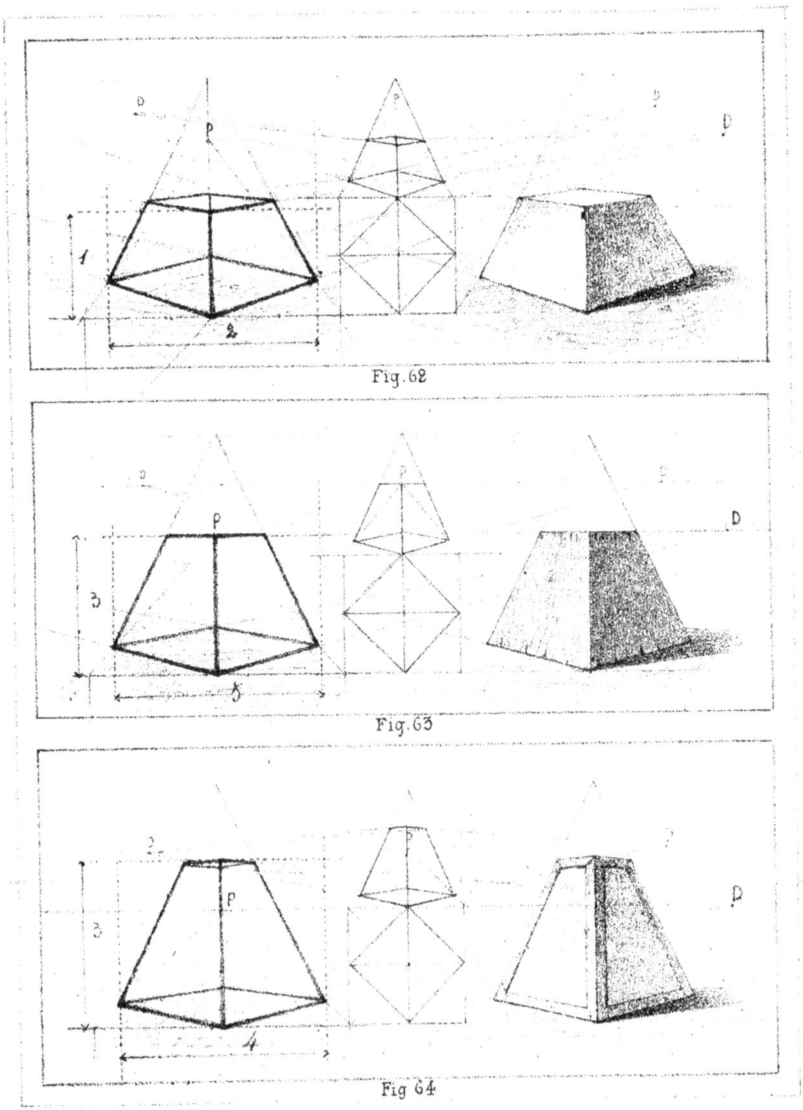

Fig. 62

Fig. 63

Fig 64

16ᵉ LEÇON. — Prismes

Dans les 1ʳᵉ et 4ᵉ positions : en face le spectateur (vue de front) et ayant un angle en contact avec la ligne terre. Dans les trois cas : au-dessous de l'œil, à la hauteur de l'œil, au-dessus de l'œil.

Qu'est-ce qu'un prisme ? — Le prisme est un solide ayant pour bases des surfaces rectilignes parallèles et de même grandeur, et dont les angles sont droits. Ses faces sont des rectangles et leur nombre est limité aux côtés des bases.

1ᵉʳ CAS : **Au-dessous de l'œil** (fig. 65)

Bases parallèles à la ligne de terre, en face le spectateur.

Les élèves exécuteront après que le Maître aura tracé et expliqué.

Ce solide, ayant ses bases parallèles à la ligne de terre et au plan horizontal, perpendiculaires par conséquent au plan vertical, la direction des côtés de ses bases est vers le point principal P. La profondeur est obtenue par la diagonale d'un carré ayant la largeur du rectangle pour côté et allant au point de distance.

PAR L'OBSERVATION

Nous remarquons : 1º Que le solide, placé au-dessous de la ligne d'horizon, laisse voir sa face supérieure ; 2º Que le prisme paraît enveloppé dans un rectangle, rapports 1×2 ; 3º Que la profondeur de sa base inférieure vaut le 1/4 de la hauteur, et celle de sa base supérieure le 1/7 environ.

2ᵉ CAS : **A la hauteur de l'œil** (fig. 66)

Bases parallèles à la ligne de terre (vue de front) face au spectateur.

Le solide, ayant ses bases parallèles à la ligne de terre, la direction apparente de ses côtés est vers le point de fuite principal P. La profondeur du carré est obtenue par la diagonale allant aboutir au point de distance.

PAR L'OBSERVATION

Nous remarquons : 1º Que le solide paraît enveloppé dans un rectangle, rapports 1×2 ; 2º Que la profondeur de la base vaut environ le 1/6 de la hauteur ; 3º Que le solide étant à la hauteur de l'œil, une ligne droite horizontale le limite.

3ᵉ CAS : **Au-dessus de l'œil** (fig. 67)

Bases parallèles à la ligne de terre (vue de front) face au spectateur.

Le solide ayant ses bases parallèles à la ligne de terre, la direction apparente de leurs côtés est vers le point de fuite principal P. Leur profondeur est obtenue par la diagonale allant aboutir au point de distance.

PAR L'OBSERVATION

Nous remarquons : 1º Que ce solide est enveloppé dans un rectangle, rapports 2×1 ; 2º Que la face inférieure monte et la face supérieure descend ; 3º Que la ligne d'horizon semble le couper au tiers ; 4º Que la face inférieure a en profondeur le 1/8 de la hauteur, et la face supérieure le 1/16 environ.

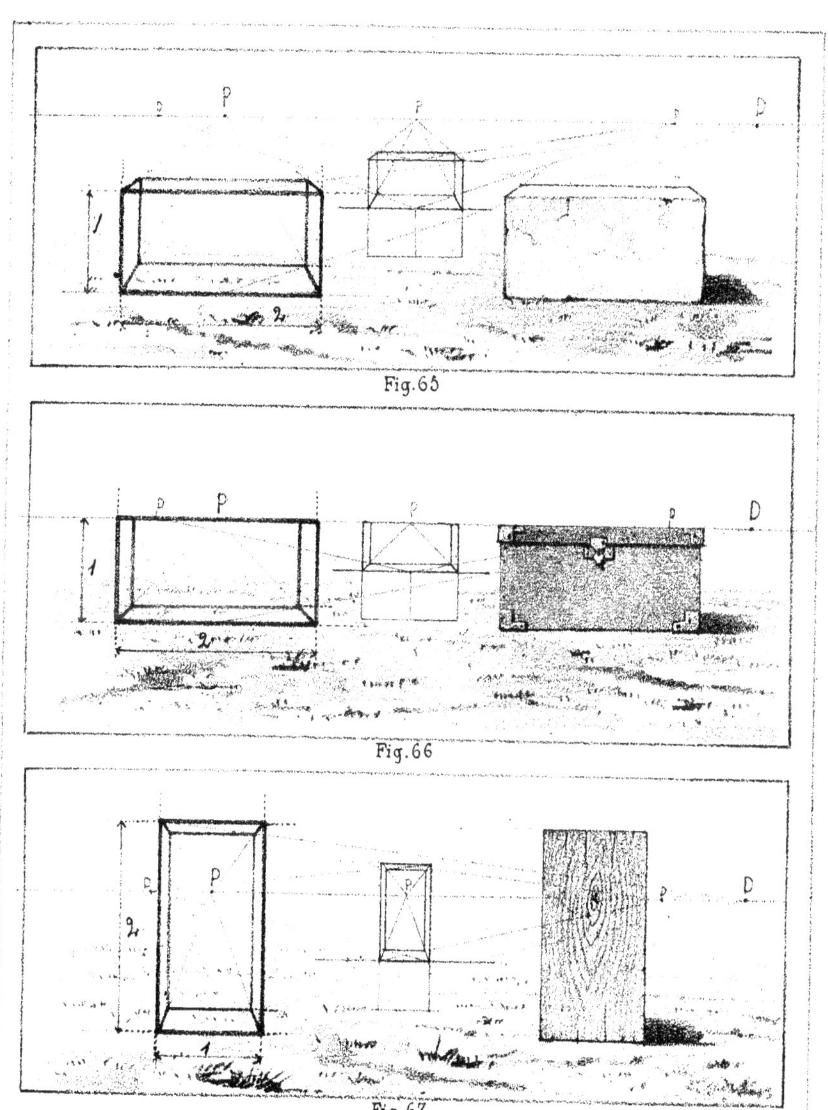

Fig. 65

Fig. 66

Fig. 67

17ᵉ Leçon. — 4ᵉ Position : Prisme ayant un angle en contact avec la ligne de terre

Les élèves exécuteront après que le Maître aura tracé et expliqué.

1ᵉʳ Cas : **Au-dessous de l'œil** (fig. 68)

Le solide laisse voir ses bases supérieure et inférieure, leur direction apparente sera le point de fuite *naturel*, placé l'un du côté gauche, l'autre du côté droit (ici il est le point de distance).

PAR L'OBSERVATION

Nous remarquons : 1º Que les deux faces sont visibles ; 2º Que celle du bas paraît plus profonde que celle du haut ; 3º Que le solide est compris dans un ensemble rectangle, rapports 4 × 7 ; 4º Que le point de contact est au 1/3 du rectangle ; 5º Que le côté gauche du bas monte aux 2/5 et celui du haut au 1/5 ; 6º Que celui de droite monte au 1/4 dans le bas et au 1/8 dans le haut.

2ᵉ Cas : **A la hauteur de l'œil** (fig. 69)

Le solide n'ayant aucune de ses faces parallèle à la ligne de terre, la direction apparente des côtés est vers le point de fuite *simple*, et non le point de fuite *principal*. Les uns iront de droite à gauche pour se réunir au même point sur la ligne d'horizon, les autres de gauche à droite pour se réunir également à un autre point.

PAR L'OBSERVATION

Nous remarquons : 1º Que le solide étant à la hauteur de l'œil, une ligne droite le termine ; 2º Qu'il semble être enveloppé dans un rectangle, rapports 4 × 2 ; 3º Que le point de contact est au 1/3 du rectangle d'enveloppe ; 4º Que la montée de la ligne de gauche est du 1/4 et celle de droite du 1/7 environ.

3ᵉ Cas : **Au-dessus de l'œil** (fig. 70)

Dans ce cas, quoique les bases soient parallèles, la base inférieure monte, celle du haut descend, néanmoins la direction apparente de leurs côtés est le même point, l'un du côté gauche, l'autre du côté droit.

PAR L'OBSERVATION

Nous remarquons : 1º Que la ligne d'horizon semble couper le solide environ au 1/3 ; 2º Qu'il est enveloppé dans un rectangle, rapports 2 × 3 ; 3º Que le point de contact au rectangle est à la moitié ; 4º Que la base inférieure monte du côté gauche du 1/12 environ de la hauteur, et du côté droit de même ; 5º Que la base supérieure descend, du côté gauche, environ du 1/10 de sa largeur, et du côté droit de même.

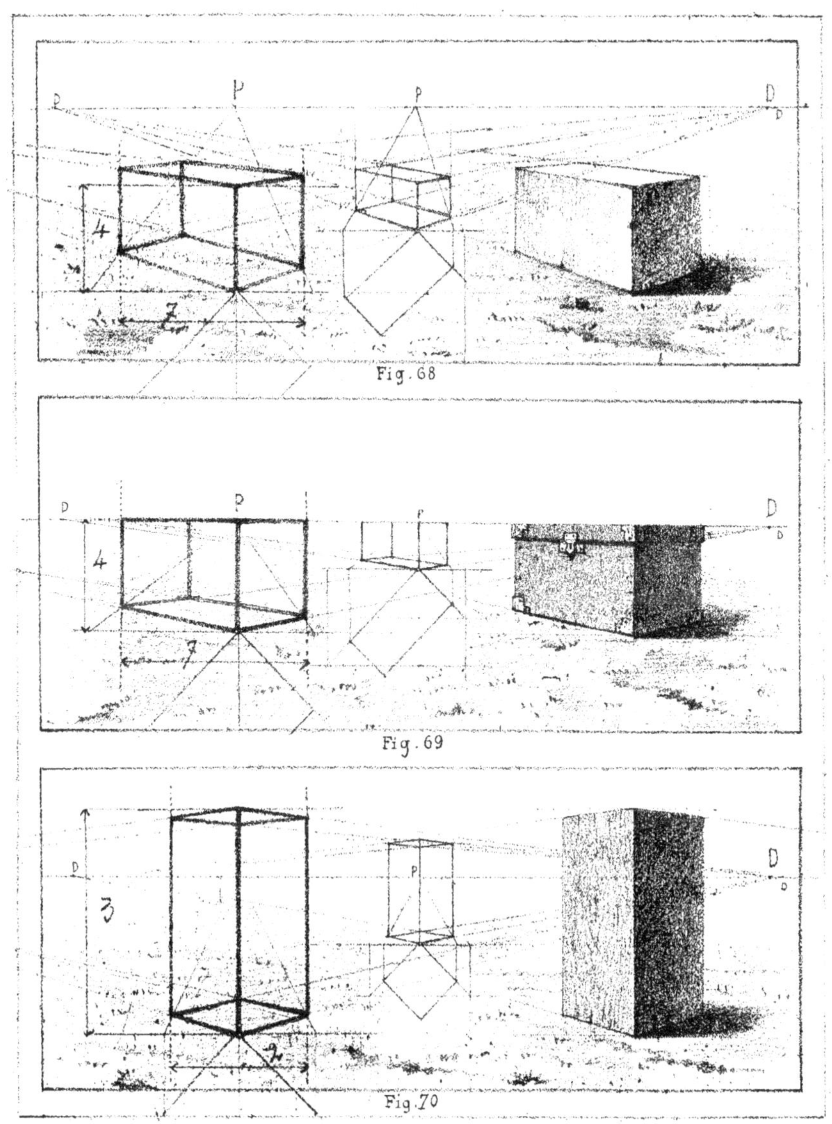

Fig. 68

Fig. 69

Fig. 70

18ᵉ LEÇON. — Solides curvilignes : Cône et Cylindre

Ces solides sont toujours exécutés vus de face. Nous ne donnons que la première position, face au spectateur.

Qu'est-ce qu'un cône ? — Le cône est un solide dont la base est une circonférence et le sommet un point tombant perpendiculairement au milieu de la base.

1ᵉʳ CAS : Au-dessous de l'œil (fig. 71)

Les élèves exécuteront après que le Maître aura tracé et expliqué.

Le principe veut que toute ligne courbe soit enveloppée par des droites. La base du cône étant une circonférence (courbe régulière), est enveloppée dans une surface rectiligne régulière (carré). Le solide étant parallèle à la ligne de terre, le carré a sa direction apparente au point de fuite principal P, sa profondeur est obtenue par la diagonale au point de fuite de distance, et son centre par leur intersection, où passent les diamètres de la circonférence perspective, base du cône (la base supérieure présente la même disposition de construction).

PAR L'OBSERVATION

Nous remarquons : 1º Que le solide présente une forme plate et qu'il se trouve enveloppé dans un ensemble rectangle, rapports 3×5 ; 2º Que la base supérieure vaut les 3/5 de la base inférieure ; 3º Que la profondeur de la base inférieure vaut la moitié de la hauteur, celle de la base supérieure le 1/5 ; 4º Que l'ensemble rectiligne du cône présente une pyramide tronquée ; 5º Qu'en prolongeant les lignes du cône ou de la pyramide on trouve le sommet.

2ᵉ CAS : A la hauteur de l'œil (fig. 72)

Les élèves exécuteront après que le Maître aura tracé et expliqué.

Le solide étant parallèle à la ligne de terre, la direction apparente des côtes du carré qui en forme la base est vers le point de fuite principal P. Sa profondeur est obtenue par la diagonale au point de fuite de distance, son centre par leur intersection, où passent les diamètres de la circonférence.

PAR L'OBSERVATION

Nous remarquons : 1º Que le solide étant tronqué à la hauteur de l'œil, sa hauteur se termine par une ligne droite ; 2º Qu'il semble être enveloppé dans un rectangle, rapports 7×8 ; 3º Que la profondeur de sa base vaut le 1/3 de la hauteur environ ; 4º Que la base supérieure est la moitié de la base inférieure ; 5º Qu'en prolongeant l'inclinaison des côtés on détermine le sommet tombant perpendiculairement au milieu de la base.

3ᵉ CAS : Au-dessus de l'œil (fig. 73)

Les élèves exécuteront après que le Maître aura tracé et expliqué.

Ce solide, placé comme les précédents, en face le spectateur, parallèlement à la ligne de terre, a la direction apparente des côtés de sa base vers le point principal P. Sa profondeur est obtenue par la diagonale au point de fuite de distance, par le tracé des diagonales, nous obtenons son centre, par où passent les diamètres de la circonférence (même principe pour la circonférence du haut).

PAR L'OBSERVATION

Nous remarquons : 1º Que la ligne d'horizon coupe le solide au 1/3 environ ; 2º Que dans ce cas la circonférence du bas est concave et la circonférence du haut convexe ; 3º Que l'enveloppe est rectangle, rapports 1×1 ; 4º Que la circonférence du haut vaut le 1/3 de l'enveloppe ; 5º Que la profondeur du bas est du 1/5 de la hauteur totale, et celle du haut imperceptible ; 6º Qu'en prolongeant les lignes du cône ou de la pyramide on obtient le sommet.

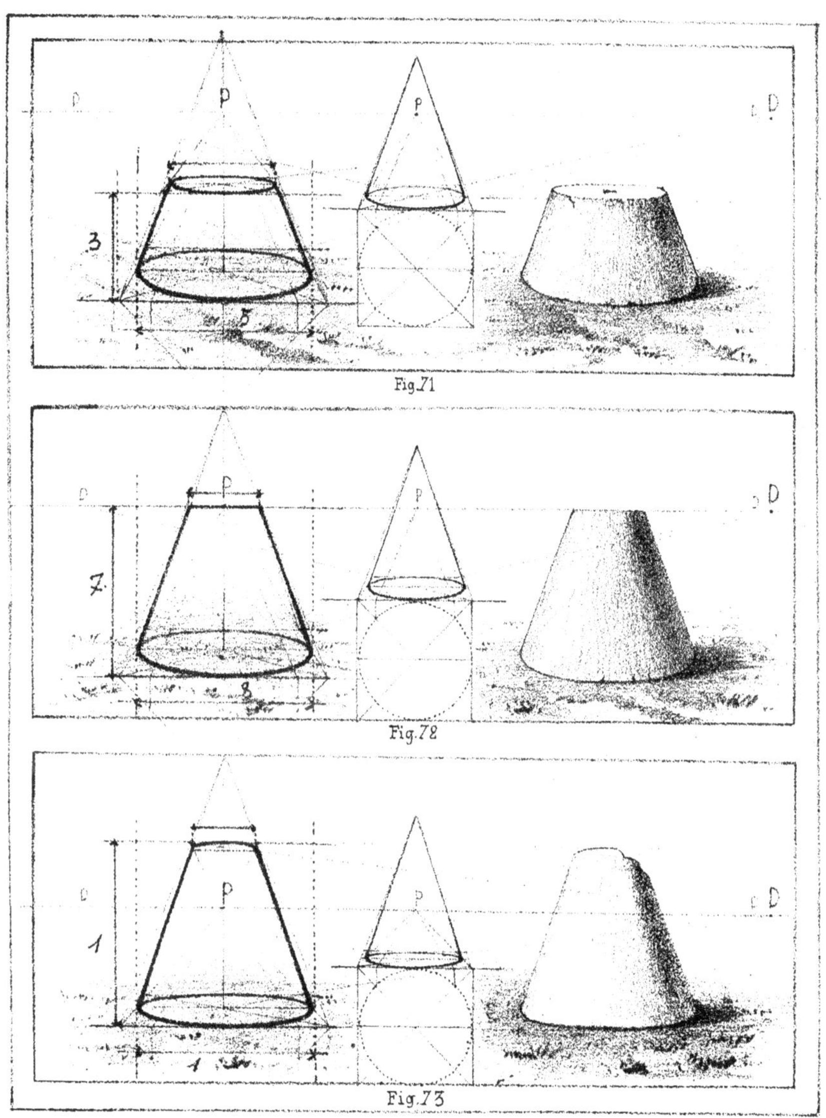

Fig. 71

Fig. 72

Fig. 73

19ᵉ LEÇON. — **Des Cylindres**

Les élèves exécuteront après que le Maître aura tracé et expliqué.

Qu'est-ce qu'un cylindre ? — Le cylindre est un solide dont les bases sont des circonférences parallèles et de même grandeur.

1ᵉʳ Cas : **Au-dessous de l'œil** (fig. 74)

Ce solide, placé parallèlement à la ligne de terre (vue de front), a pour base un carré. La direction apparente des côtés du carré est vers le point de fuite principal P ; sa profondeur est obtenue par la diagonale au point de distance. En traçant les diagonales, leur intersection donne le centre du carré, par où passent les diamètres de la circonférence. La circonférence au-dessus, ou la base supérieure, s'obtient par le même moyen : direction apparente des côtés du carré au point principal P ; profondeur par la diagonale au point de distance. L'intersection des diagonales donne le centre, par où passent les diamètres de la circonférence. Cette circonférence obtenue, nous réunissons les deux diamètres.

PAR L'OBSERVATION

Nous remarquons : 1° Que le solide laisse voir ses deux bases ; 2° Que la base supérieure, plus rapprochée de la ligne d'horizon, paraît à l'œil moins profonde ; 3° Que l'enveloppe du solide est rectangle, rapports 3×5 ; 4° Que la profondeur de la base inférieure vaut la moitié de la hauteur, et celle de la base supérieure le 1/6.

2ᵉ Cas : **A la hauteur de l'œil** (fig. 75)

Ce solide, placé parallèlement à la ligne de terre, a pour base de construction le carré, dont les apparences perspectives des côtés sont au point de fuite principal P ; sa profondeur est obtenue par la diagonale au point de distance. En traçant les diagonales, nous avons son centre, par où passent les diamètres de la circonférence.

Le solide ne laissant pas voir sa face supérieure, celle-ci est terminée par une ligne droite horizontale.

PAR L'OBSERVATION

Nous remarquons : 1° Que le solide, étant à la hauteur de l'œil, ne laisse pas voir sa face supérieure ; 2° Que son enveloppe est rectangle, rapports 2×3 ; Que la profondeur de la base vaut le 1/4 de la hauteur.

3ᵉ Cas : **Au-dessus de l'œil** (fig. 76)

Dans ce cas, le solide se trouve coupé par la ligne d'horizon. La base inférieure est concave, et la base supérieure est convexe. La base inférieure, parallèle à ligne de terre, a la direction apparente des côtés du carré au point de fuite principal P ; sa profondeur est obtenue par la diagonale au point de distance.

L'intersection des diagonales donne le centre du carré, par où passent les diamètres de la circonférence. De même pour la base supérieure. Le tracé obtenu, joindre les deux diamètres.

PAR L'OBSERVATION

Nous remarquons : 1° Que le solide est coupé par la ligne d'horizon aux 2/5 ; 2° Que la base supérieure est convexe, et la base inférieure concave ; 3° Que l'enveloppe est rectangle, rapports 7×8 ; 4° Que la base inférieure occupe le 1/6 de la hauteur, et la base supérieure le 1/8.

———⊛———

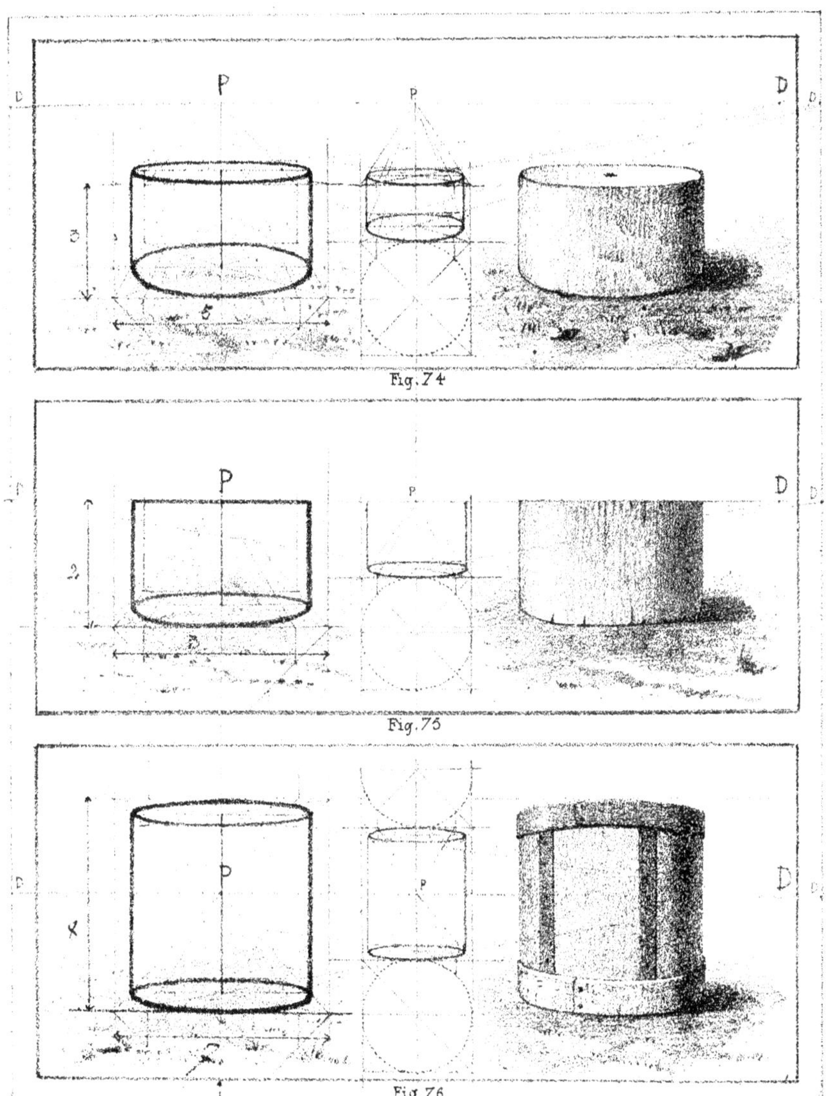

Fig. 74

Fig. 75

Fig. 76

PERSPECTIVE D'OBSERVATION

Application du Paragraphe sixième du Programme officiel

Représentation géométrale au trait et représentation perspective de Solides
géométriques et d'Objets usuels simples

Des effets

Tout solide, pour être perçu, doit être éclairé. Suivant l'intensité des rayons lumineux, ses ombres paraissent plus ou moins foncées, et suivant sa conformation, ont des propriétés différentes.

Des Ombres en général

L'*ombre* est formée par l'interception des rayons lumineux, elle est l'opposition de la lumière.

L'ombre se divise en deux : 1° L'ombre *naturelle* ; 2° l'ombre *portée*.

L'ombre naturelle est celle qui est propre à l'objet (fig. 77).

L'ombre portée est celle que fait le solide sur le plan où il se trouve placé ou sur les objets qui l'environnent (fig. 78). Elle est toujours plus foncée que l'ombre naturelle et se dégrade peu.

L'ombre se divise en deux : reflet et pénombre.

Le reflet est la partie de l'ombre paraissant plus faible. Il est le résultat de la réflexion de la lumière des objets environnants sur le solide.

Cette réflexion est particulière aux objets dont l'enveloppe est circulaire, rappelant le cône, le cylindre, la sphère.

Ces reflets, faisant partie de l'ombre, ne doivent jamais être trop clairs, sous peine de détruire son harmonie.

La demi-teinte ou pénombre est la partie de l'ombre qui réunit les parties éclairées aux parties ombrées.

SON APPLICATION

Sur les objets rappelant les surfaces curvilignes, l'ombre s'arrête d'une manière imperceptible et donne à cet endroit l'intensité, se fond avec la demi-teinte, qui elle-même se fond avec la lumière, et par cette dégradation non heurtée, fait tourner l'objet (fig. 79).

Sur les objets rappelant les surfaces rectilignes, l'ombre se tranche, et l'intensité des ombres, comme des lumières, se fait sur l'arête qui fait la séparation des plans (fig. 80).

Solides géométriques

Le Maître devra se procurer ces solides. Le prix de ces collections étant toujours assez élevé, nous engageons les instituteurs à les fabriquer. Le zinc pourrait être remplacé par du bois blanc (peuplier de préférence).

Fig. 77

Fig. 78

Fig. 79

Fig. 80

Solides curvilignes

20ᵉ LEÇON. — **Le Cône** (à exécuter dans une des trois positions)

Qu'est-ce que le cône ? — Le cône est un solide dont la base est une circonférence et le sommet un point tombant perpendiculairement au milieu de la base.

Après avoir placé le modèle, le Maître rappellera la manière de procéder (perspective d'observation).

1ʳᵉ Position : **En face le spectateur**. — 1ᵉʳ Cas : **Cône au-dessous de l'œil** (fig. 81)

Les élèves exécuteront après la démonstration du Maître au tableau.

PAR L'OBSERVATION

Nous remarquons : 1º Que le solide paraît être enveloppé dans un ensemble se rapprochant du carré, environ 1/12 en moins, soit 11/12 ; 2º Que la circonférence paraît avoir en profondeur le 1/4 de la hauteur du solide (Construction de la circonférence par l'observation, le diamètre horizontal coupant aux 3/5 le diamètre vertical).

NOTA. — Nous ne trouvons pas utile d'indiquer, par l'observation, la position des fils, néanmoins, si le Maître trouvait qu'il soit bon de les faire, nous n'y voyons pas d'autre obstacle que le temps.

AU POINT DE VUE DE L'OMBRE

Nous remarquons : 1º Que par la position du dessinateur, l'ombre occupe environ le 1/4 de la largeur ; 2º Qu'elle paraît plus intense dans le haut que dans le bas et qu'elle conserve cette vigueur de haut en bas ; 3º Qu'elle est plus faible sur l'extrémité du solide ; 4º Que le rayon lumineux se trouve presque contre la ligne de gauche ; 5º Qu'il est plus brillant dans la partie supérieure que dans la partie inférieure ; 6º Que l'ombre portée paraît être plus foncée que l'ombre naturelle, et qu'elle va en pointe, direction légèrement en arrière.

2ᵉ Cas : **A la hauteur de l'œil** (fig. 82)

PAR L'OBSERVATION

Nous remarquons : 1º Que le solide se trouve compris dans les mêmes rapports : 11×12 (les solides formés par des enveloppes curvilignes ne changent pas d'enveloppe, de quelque façon qu'on se trouve par rapport à eux, seuls les détails peuvent changer) ; 2º Que la base paraît moins profonde environ du 1/5 de la hauteur.

AU POINT DE VUE DE L'OMBRE

Nous remarquons : 1º Que par la position du dessinateur elle occupe environ le 1/4 de la base ; 2º Qu'elle paraît toujours plus intense dans le haut que dans le bas, moins foncée sur le bord que sur la ligne qui semble la séparer de la lumière ; 3º Que la lumière se trouve, sur la gauche, vigoureuse au sommet, s'adoucissant en descendant ; 4º Que l'ombre se réunit à la lumière par une dégradation de teinte appelée pénombre.

3ᵉ Cas : **Au-dessus** (fig. 83)

PAR L'OBSERVATION

Nous remarquons : 1º Que le solide se trouve compris dans les mêmes rapports : 11×12 ; 2º Que la ligne d'horizon coupe le solide environ aux 3/7 ; 3º Que la profondeur de la base est égale environ au 1/8 de la hauteur.

AU POINT DE VUE DE L'OMBRE

Nous remarquons : 1º Que par la position du dessinateur elle occupe environ le 1/6 de la base ; 2º Qu'elle subit les mêmes effets que dans les positions précédentes, vigoureuse au sommet, moins intense dans le bas ; 3º Lumière plus dans le solide, très brillante dans le haut, se raccordant avec l'ombre par une demi-teinte allant en augmentant ; 4º Que l'ombre portée paraît plus forte.

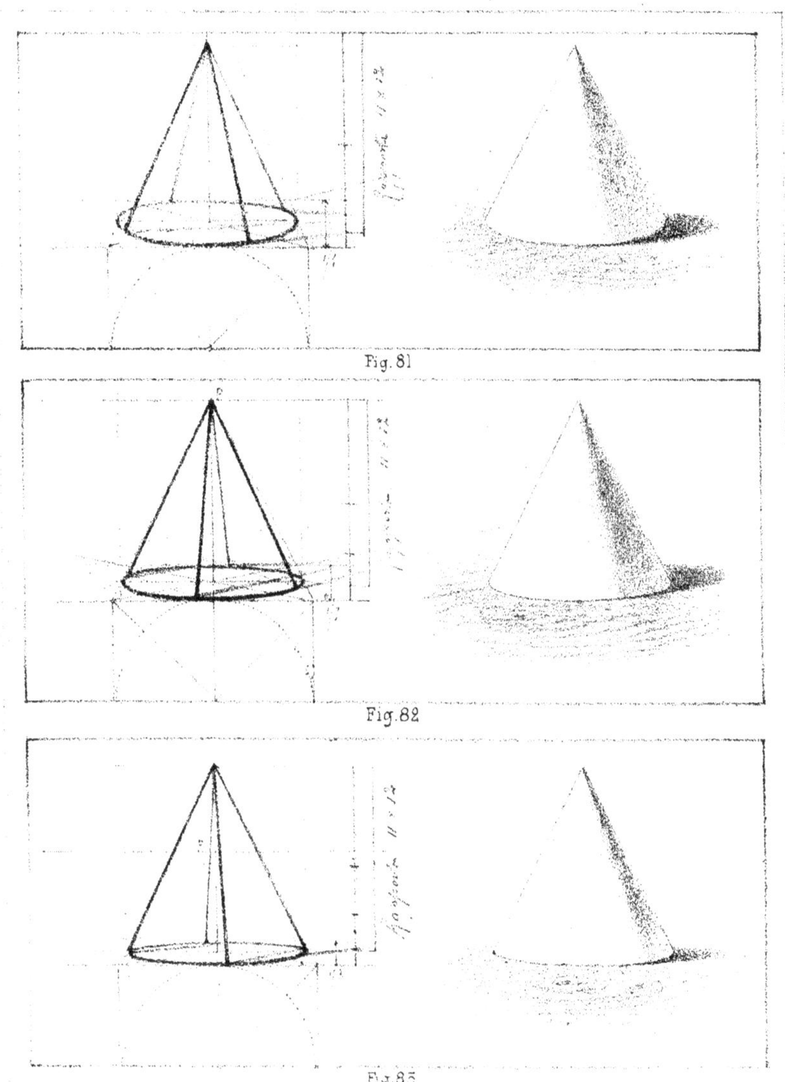

Fig. 81

Fig. 82

Fig. 83

21e LEÇON. — Cylindre

Qu'est-ce qu'un cylindre ? — Un cylindre est un solide dont les bases sont des circonférences parallèles et de même grandeur, et dont les côtés sont perpendiculaires aux bases.

1re POSITION : **En face le Spectateur.** — 1er CAS : **Au-dessous** (fig. 84)

Les élèves exécuteront après que le Maître aura fait la démonstration. Il choisira l'un de ces trois cas.

PAR L'OBSERVATION

Nous remarquons : 1° Que le solide présente sa face supérieure ; 2° Qu'il est enveloppé dans une forme rectangle sensiblement rapprochée du carré, 11 $\times$ 12 environ ; 3° Que la face supérieure a en profondeur le 1/8 de sa longueur, et celle du bas le 1/6 environ.

AU POINT DE VUE DE L'OMBRE

Nous remarquons : 1° Qu'elle occupe le 1/3 environ de la largeur du solide ; 2° Que son intensité est sur la ligne de séparation des ombres et des lumières ; 3° Que leur réunion se fait par la demi-teinte ou pénombre, sans brusquerie ; 4° Que les rayons lumineux se trouvent environ au 1/6 de la largeur et que sur la partie supérieure, la lumière paraît plus intense du côté ombré du solide ; 5° Que l'ombre portée est plus intense que l'ombre naturelle et se dirige horizontalement.

2e CAS : **A la hauteur** (fig. 85)

PAR L'OBSERVATION

Nous remarquons : 1° Que ce solide se trouve compris dans les mêmes rapports que le précédent, 11 $\times$ 12 environ ; 2° Que la face supérieure est terminée par une ligne droite et que la face inférieure paraît avoir en profondeur le 1/7 de la hauteur.

AU POINT DE VUE DE L'OMBRE

Nous remarquons qu'elle occupe la même largeur que le solide précédent, environ le 1/3 de la base, et qu'elle est soumise aux mêmes lois et que l'ombre portée est semblable en valeur et en direction.

3e CAS : **Au-dessus** (fig. 86)

PAR L'OBSERVATION

Nous remarquons : 1° Que la ligne d'horizon coupe le solide environ au 1/9 de la hauteur ; 2° Que la circonférence du haut présente une courbe convexe, et la circonférence du bas une courbe concave ; 3° Que la circonférence du bas a environ le 1/10 de la hauteur du solide, et que la circonférence du haut paraît encore moins prolonde

AU POINT DE VUE DE L'OMBRE

Que le solide, conservant la même position que dans l'étude précédente, l'ombre occupe la même largeur, et qu'elle est soumise aux mêmes observations.

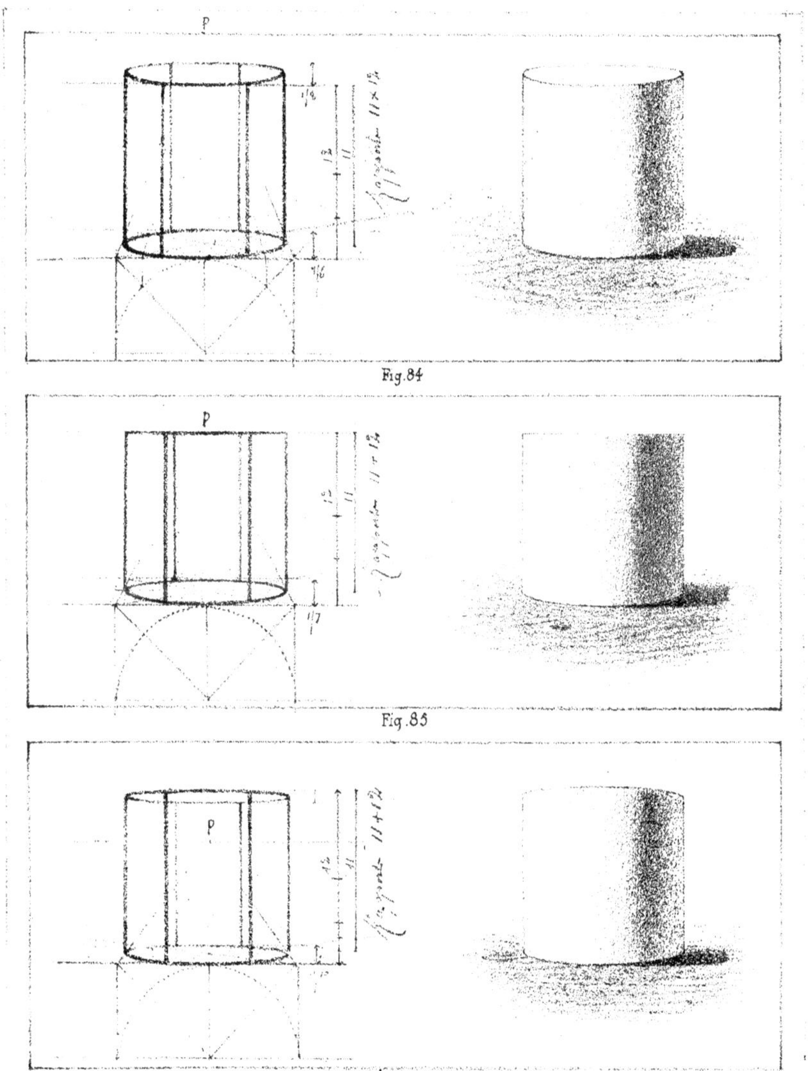

Fig. 84

Fig. 85

Fig. 86

Solides rectilignes

22ᵉ LEÇON. — Cube

Le Maître prendra l'un des trois cas par rapport au spectateur.

Les élèves exécuteront le sujet après le tracé et l'explication du Maître.

Qu'est-ce que le cube ? — Le cube est un solide formé de six faces carrées égales et parallèles, et dont les angles sont droits.

1ᵉʳ Cas : **Au-dessous de l'œil** (fig. 87)

PAR L'OBSERVATION

Nous remarquons : 1º Que ce solide, placé au-dessous de l'œil, présente ses deux faces ; 2º Que la face supérieure paraît moins profonde que la face inférieure ; 3º Que son enveloppe rectiligne est dans les rapports 3 × 4 ; 4º Que l'arête des deux faces se trouve environ au 1/3 de la largeur totale ; 5º Que la montée de la base du côté gauche est d'environ le 1/4 de la hauteur, et celle du haut au 1/6 environ *(Ces deux lignes étant parallèles linéaires deviennent, en perspective, des parallèles fuyantes, elles vont aboutir au même point de fuite sur la ligne d'horizon)* ; 6º Que la montée du côté droit est d'environ le 1/5 de l'ensemble dans le bas et du 1/9 environ dans le haut *(ces deux lignes étant des parallèles linéaires deviennent, en perspective, des parallèles fuyantes, elles vont aboutir au même point de fuite sur la ligne d'horizon)* ; 7º Ses faces profondes étant parallèles aux autres, auront leur direction apparente aux mêmes points : celle de gauche au point de fuite du côté gauche, celle de droite au point de fuite du côté droit, leur intersection détermine l'arête du côté profond, elle se trouve sur la droite de l'axe du milieu.

AU POINT DE VUE DE L'OMBRE

Nous remarquons : 1º Que l'intensité des noirs et des blancs se fait sur la même ligne ; 2º Que l'ombre portée est plus forte que l'ombre naturelle.

2ᵉ Cas : **A la hauteur de l'œil** (fig. 88)

PAR L'OBSERVATION

Nous remarquons : 1º Que ce solide, placé à la hauteur de l'œil, est terminé par une ligne droite ; 2º Qu'il paraît être enveloppé dans un ensemble rapports 4 × 5 ; 3º Que l'arête se trouve environ aux 2/5 de la base, et que la montée de la ligne du côté gauche vaut environ le 1/10 de la hauteur totale, et celle du côté droit le 1/8 ; 4º Que les faces profondes étant parallèles à celles en avant, elles auront leur apparence perspective au même point : l'une du côté droit, l'autre du côté gauche ; 5º Que leur intersection donne l'arête du côté profond placé du côté gauche de l'axe du milieu.

AU POINT DE VUE DE L'OMBRE

Mêmes observations que pour la figure 87

3ᵉ Cas : **Au-dessus de l'œil** (fig. 89)

PAR L'OBSERVATION

Nous remarquons : 1º Que la ligne d'horizon coupe le solide au 1/3 environ de la hauteur, que les lignes du haut semblent descendre et celles du bas monter ; 2º Que l'arête se trouve être environ à la moitié de l'ensemble, qui paraît être dans les rapports environ 3 × 4 ; 3º Que la montée de la ligne de gauche est d'environ le 1/12 de la hauteur totale et la descente du haut environ moitié moindre que la montée du bas *(ces deux lignes étant des parallèles linéaires deviennent, en perspective, des parallèles fuyantes, allant aboutir au même point de fuite sur la ligne d'horizon)* ; 4º Que la montée de la base du côté droit est semblable à celle de gauche, ainsi que la descente du haut, et que la pointe de fuite est la même pour le côté droit.

AU POINT DE VUE DE L'OMBRE

Mêmes observations que pour la figure 87.

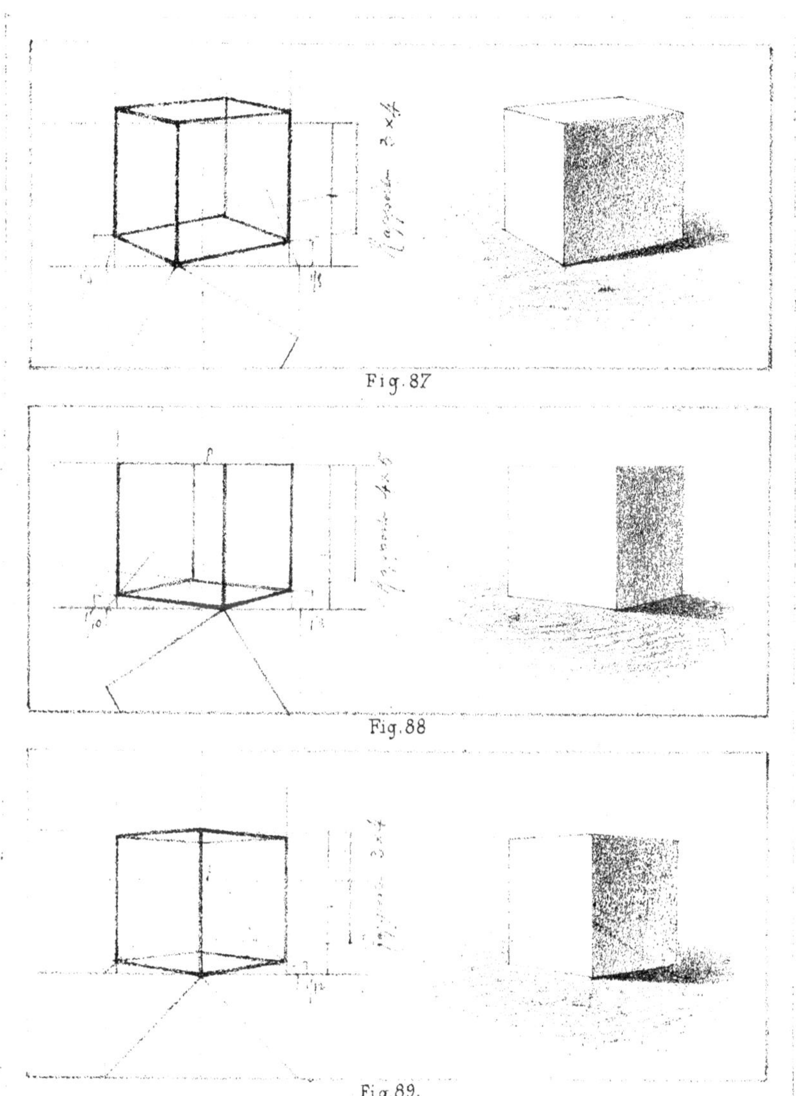

Fig. 87

Fig. 88

Fig. 89.

23ᵉ LEÇON. — **Pyramide**

Le Maître prendra le cas qui lui conviendra.

Les élèves exécuteront après que le Maître aura tracé et expliqué.

Qu'est-ce qu'une pyramide ? — La pyramide est un solide dont la base est une surface rectiligne et le sommet un point tombant perpendiculairement au milieu de sa base.

2ᵉ Cas : **A la hauteur de l'œil** (fig. 90)

NOTA. — Ces trois positions sont vues à la hauteur de l'œil.

PAR L'OBSERVATION

. Nous remarquons : 1º Que la pyramide (fig. 90) se trouve enveloppée dans une forme rectangle, rapports 11×12 environ ; 2º Qu'elle présente deux faces dont l'une occupe environ le 1/12 de la base d'ensemble ; 3º Que le solide n'étant pas parallèle à la ligne de terre, ses côtés montent, l'un, le petit, environ au 1/6 de la hauteur totale du côté gauche, celui du côté droit à une hauteur peu appréciable ; 4º Que la profondeur de la base est d'environ le 1/6 de la hauteur totale ; 5º Que les côtés étant parallèles linéaires, leur apparence perspective se trouve au même point ; 6º Que l'intersection des côtés, allant les uns à gauche les autres à droite, détermine le quatrième angle de la base pyramidale carrée ; 7º Qu'en traçant les diagonales du carré perspectif, on trouve son centre, d'où s'élève la droite verticale sur laquelle se trouve le sommet placé sur le côté gauche de l'ensemble de la pyramide.

AU POINT DE VUE DES OMBRES

Nous remarquons : 1º Que la face du côté gauche est dans la lumière, et que l'intensité se fait sur l'arête qui sépare les deux faces ; 2º Que la face du côté droit est dans une demi-teinte dont la vigueur est sur la même arête ; 3º Que l'ombre portée se termine en pointe et que sa direction part du centre de sa base.

1º Que la pyramide (fig. 91) se trouve être dans les rapports 6×7 ; 2º Que la profondeur de la base vaut environ le 1/7 de la hauteur, et qu'elle présente deux faces dont le point de contact à la ligne de terre se trouve être au 1/7 de la base ; 3º La montée du côté droit est environ au 1/7 de la hauteur et celle du côté gauche imperceptible ; 4º Que l'intersection des lignes fuyantes détermine le quatrième angle de la base carrée, dont le tracé des diagonales donne le centre, d'où s'élève une ligne perpendiculaire sur laquelle se trouve le sommet placé du côté gauche de l'ensemble.

AU POINT DE VUE DES OMBRES

Nous remarquons . 1º Que la petite face est dans l'ombre et la grande dans une demi-teinte ; 2º Que leur intensité réciproque se trouve sur la même arête ; 3º Que l'ombre portée est plus intense que l'ombre naturelle, et que sa direction part horizontalement du centre de la base.

1º Que la figure 92 se trouve enveloppée dans les rapports 6×5 ; 2º Que l'arête se trouve au milieu de l'ensemble ; 3º Que la montée du côté gauche et du côté droit est semblable, environ 1/12 de la base ; 4º Que sa position laisse invisible le quatrième angle du solide.

AU POINT DE VUE DES OMBRES

Nous remarquons : 1º Que le côté droit est dans la lumière et le côté gauche dans l'ombre ; 2º Que leur intensité réciproque se fait sur la même ligne et que l'ombre portée, dont la direction part du centre de la base, est plus foncée.

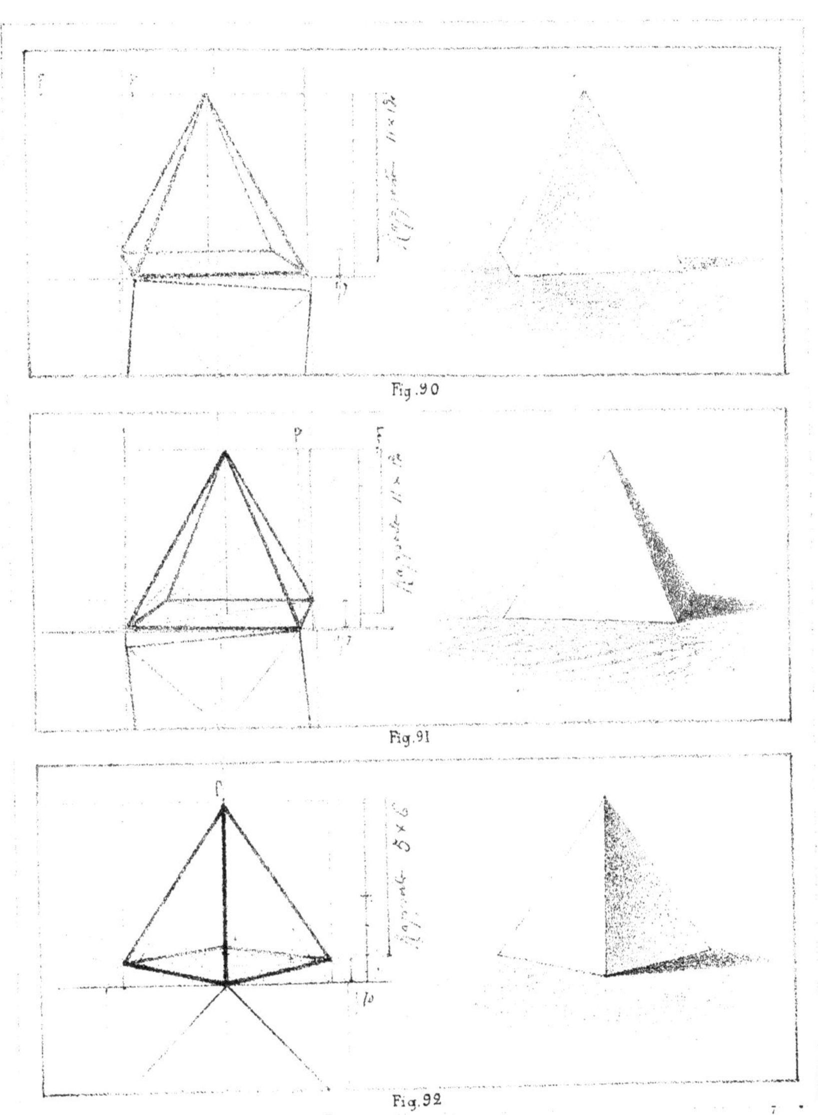

Fig. 90

Fig. 91

Fig. 92

OBJETS USUELS SIMPLES

Suite du paragraphe sixième du Programme officiel

OBSERVATIONS

Le Maître fera en sorte de faire exécuter un dessin par semaine. La première leçon sera consacrée à l'analyse du dessin, sa mise en place et exécution au trait. Si le temps le permet, il pourra préparer le second, devant être ombré.

Nous pensons que deux leçons de une heure chacune suffisent ; néanmoins, s'il arrivait que ce temps ne soit pas assez long, le Maître ferait en sorte de trouver une combinaison.

24ᵉ LEÇON. — Pot à confitures en faïence (fig. 93)

Application du cylindre

1ʳᵉ Position : **En face le Spectateur. — 1ᵉʳ Cas : Au-dessous de l'œil**

NOTA. — Le Maître analysera pour lui, fera analyser et corrigera verbalement les écarts.
L'analyse se fera sur la hauteur.
Le Maître exécutera en même temps que les élèves.

PAR L'OBSERVATION

Nous remarquons : 1° Que l'objet placé au-dessous de la ligne d'horizon présente sa face supérieure ; 2° Qu'il se trouve enveloppé dans un ensemble rectangle en hauteur, rapports 10×11 environ ; 3° Que la profondeur de la circonférence, base supérieure, paraît être environ du 1/6 de sa longueur ; 4° Que la ligne de la courbe inférieure, partie du haut, est environ au 1/6 de la hauteur, et que la montée de la courbe du bas est du 1/5 environ.

TRACÉ DE LA CIRCONFÉRENCE

Par l'observation, la circonférence limitée par des droites est inscrite dans un rectangle rapports $. \times .$, le diamètre horizontal coupe toujours le diamètre vertical aux 2/5, 2 pour la fraction en arrière, 3 pour la fraction en avant.

Pot à Fleurs en terre cuite (fig. 94)

Application du cône tronqué

1ʳᵉ Position : **En face le Spectateur. — 1ᵉʳ Cas : Au-dessous de l'œil**

NOTA. — Le Maître analysera pour lui, fera analyser et corrigera verbalement les écarts.
L'analyse se fera sur la hauteur.
Le Maître exécutera en même temps que les élèves.

PAR L'OBSERVATION

Nous remarquons : 1° Que l'objet placé au-dessus de la ligne d'horizon présente sa face supérieure ; 2° Qu'il semble enveloppé dans une forme rectangle en largeur, rapports 4×5 environ ; 3° Que la profondeur de la circonférence est environ du 1/6 de sa longueur ; 4° Que l'épaisseur du bord égale environ le 1/4 de la hauteur ; 5° Que la base inférieure est plus petite que la base supérieure, elle égale environ les 3/5 de la largeur totale, et la montée est du 1/4 environ de la longueur.

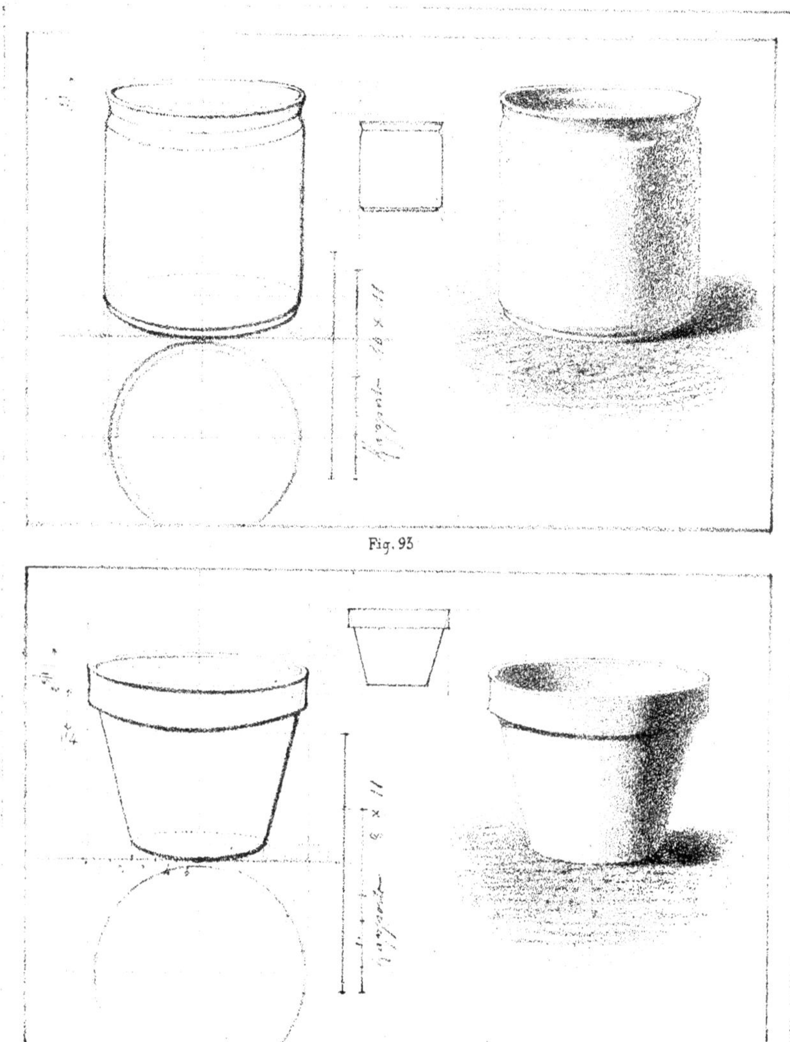

Fig. 93

Fig. 94

25ᵉ LEÇON. — **Terrine en terre** (fig. 95)

Application du cône tronqué

1ʳᵉ POSITION : **En face le Spectateur.** — 1ᵉʳ CAS : **Au-dessous de l'œil**

L'analyse se fera en prenant la hauteur.

NOTA. — Le Maître analysera pour lui, fera analyser et corrigera verbalement les écarts. Il construira en même temps que les élèves.

PAR L'OBSERVATION

Nous remarquons : 1º Que l'objet placé au-dessous de la ligne d'horizon présente sa face supérieure ; 2º Qu'il semble être enveloppé dans un rectangle en largeur, rapports 8×3 environ ; 3º Que la circonférence, base supérieure, a en profondeur environ le 1/6 de sa longueur ; 4º Que la base inférieure est plus petite environ de moitié ; 5º Que sa montée est d'environ le sixième de la hauteur totale, et l'épaisseur du bord supérieur environ le 1/5.

NOTA. — L'analyse des bases se fait en reconstituant l'ensemble du sujet et en estimant la différence de cette ligne avec la moitié du solide.

Plateau en bois (fig. 96)

Application de la sphère

1ʳᵉ POSITION : **En face le Spectateur.** — 1ᵉʳ CAS : **Au-dessous de l'œil**

L'analyse se fera en prenant d'abord la hauteur.

NOTA. — Le Maître analysera d'abord pour lui, fera analyser et corrigera verbalement les écarts. Il construira en même temps que les élèves.

PAR L'OBSERVATION

Nous remarquons : 1º Que l'objet placé au-dessous de la ligne d'horizon présente sa face supérieure ; 2º Qu'il semble être compris dans une forme rectangle en largeur, rapports 20×7 environ ; 3º Que la circonférence, base supérieure, paraît avoir en profondeur le 1/6 de sa longueur ; 4º Que le plateau repose sur une base très étroite et peu élevée, la largeur est environ les 2/5 de la longueur totale, et la hauteur environ le 1/12 de la hauteur totale ; 5º Que la montée de la base est d'environ le 1/8 de la hauteur.

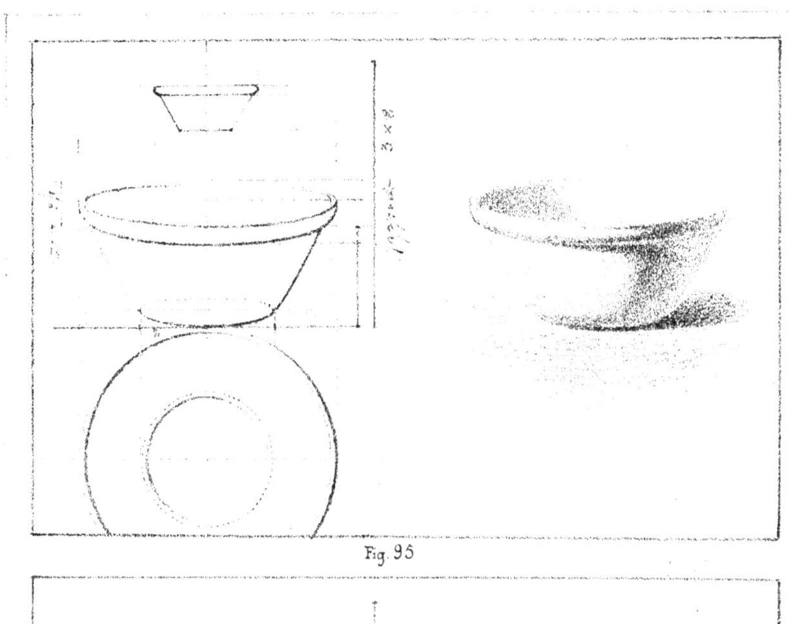

Fig. 95

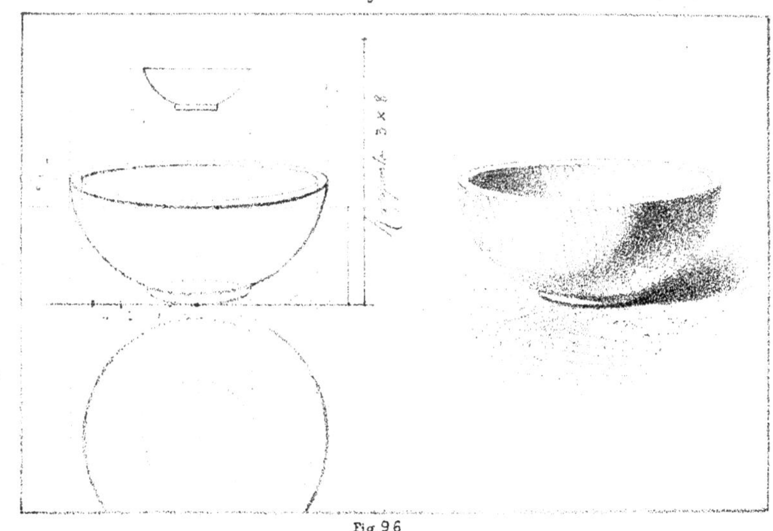

Fig. 96

26ᵉ LEÇON. — **Terrine à anse, en terre** (fig. 97)

Application du cône tronqué

1ʳᵉ Position : **En face le Spectateur.** — 1ᵉʳ Cas : **Au-dessus de l'œil**

L'analyse se fera par la hauteur.

NOTA. — Le Maître analysera pour lui, fera analyser et corrigera verbalement les écarts. Il exécutera en même temps que les élèves.

PAR L'OBSERVATION

Nous remarquons : 1° Que l'objet placé au-dessous de l'œil présente sa face supérieure ; 2° Que son ensemble est rectangle en largeur, rapports 13×7 ; 3° Que la circonférence, base supérieure, a en profondeur le 1/10 de sa longueur environ ; 4° Que l'épaisseur du bord supérieur a environ le 1/5 de la hauteur ; 5° Que la base inférieure a environ les 3/5 de la largeur ; 6° Que la poignée est placée du côté gauche, qu'elle semble tourner en arrière, qu'elle occupe environ les 2/5 de l'ensemble et les 2/5 en hauteur.

NOTA. — Il est à remarquer que dans tous les objets, les détails ne peuvent être évalués avec régularité, on ne peut donner que leur place sur la hauteur.

Casserole en zinc (fig. 98)

Application du cône tronqué

1ʳᵉ Position : **En face le Spectateur.** — 1ᵉʳ Cas : **Au-dessous de l'œil**

L'analyse se fera sur la hauteur.

NOTA. — Le Maître analysera pour lui, fera analyser et corrigera verbalement les écarts. Il exécutera en même temps que les élèves.

PAR L'OBSERVATION

Nous remarquons : 1° Que l'objet au-dessous de la ligne d'horizon présente sa face supérieure ; 2° Qu'il semble être enveloppé dans un ensemble rectangle en longueur : rapports 9×4 environ ; 3° Que la profondeur de la circonférence, base supérieure, vaut environ le 1/6 de sa longueur ; 4° Que la base inférieure est plus étroite que la base supérieure et vaut les 4/5 de l'ensemble, et sa montée le 1/3 de la hauteur totale ; 5° Que la poignée est en fuyant, sa hauteur est égale environ à la hauteur du solide.

Fig. 97

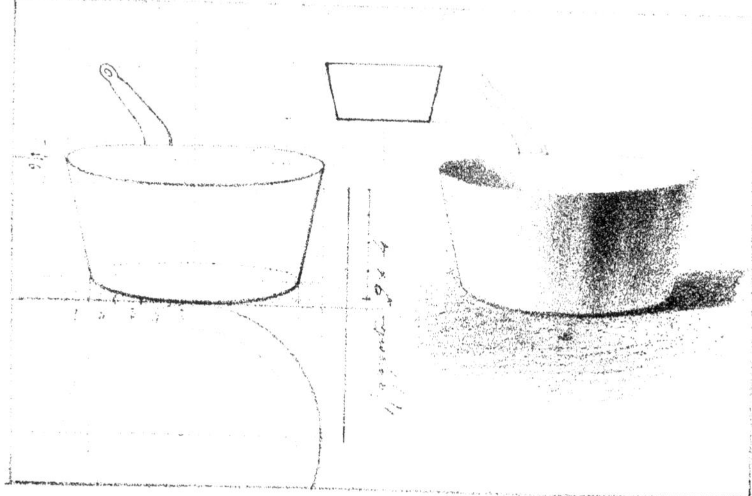

Fig. 98

27ᵉ LEÇON. — **Marmite en terre** (fig. 99)

Application du cône tronqué (ligne courbe)

1ʳᵉ POSITION : **En face le Spectateur.** — 2ᵉ CAS : **A la hauteur de l'œil**

L'analyse se fera sur la hauteur.

NOTA. — Le Maître analysera pour lui, fera analyser et corrigera verbalement les écarts. Il tracera en même temps que les élèves.

PAR L'OBSERVATION

Nous remarquons : 1º Que le sujet, placé à la hauteur de l'œil, sa face supérieure est une ligne droite ; 2º Qu'il semble être enveloppé dans un rectangle en largeur, rapports 9×7 environ ; 3º Que la plus grande largeur du solide se trouve environ aux 2/5 de l'ensemble ; 4º Que la base supérieure est plus étroite du 1/5 environ de la largeur ; 5º Que la base inférieure, tout en étant étroite, est néanmoins plus grande que la partie supérieure ; 6º Que les anses occupent environ le 1/3 de la hauteur et qu'elles se présentent ici sur les bords.

Casserole en terre (fig. 100)

Application du cône tronqué (ligne courbe)

1ʳᵉ POSITION : **En face le Spectateur.** — 1ᵉʳ CAS : **Au-dessous de l'œil**

L'analyse se fera sur la hauteur.

NOTA. — Le Maître analysera pour lui, fera analyser et corrigera verbalement les écarts. Il exécutera en même temps que les élèves.

PAR L'OBSERVATION

Nous remarquons : 1º Que le sujet, au-dessous de la ligne d'horizon, présente sa face supérieure ; 2º Qu'il semble être enveloppé dans une forme rectangle en largeur, rapports 7×3 environ ; 3º Que la profondeur de la circonférence est égale environ au 1/6 de sa longueur, et qu'elle est plus étroite du 1/4 de l'ensemble : 4º Que la poignée a son attache environ au 1/4 de sa largeur, environ aux 2/5 de sa hauteur, qu'elle a environ 1/3 en longueur et que sa direction est légèrement en montant.

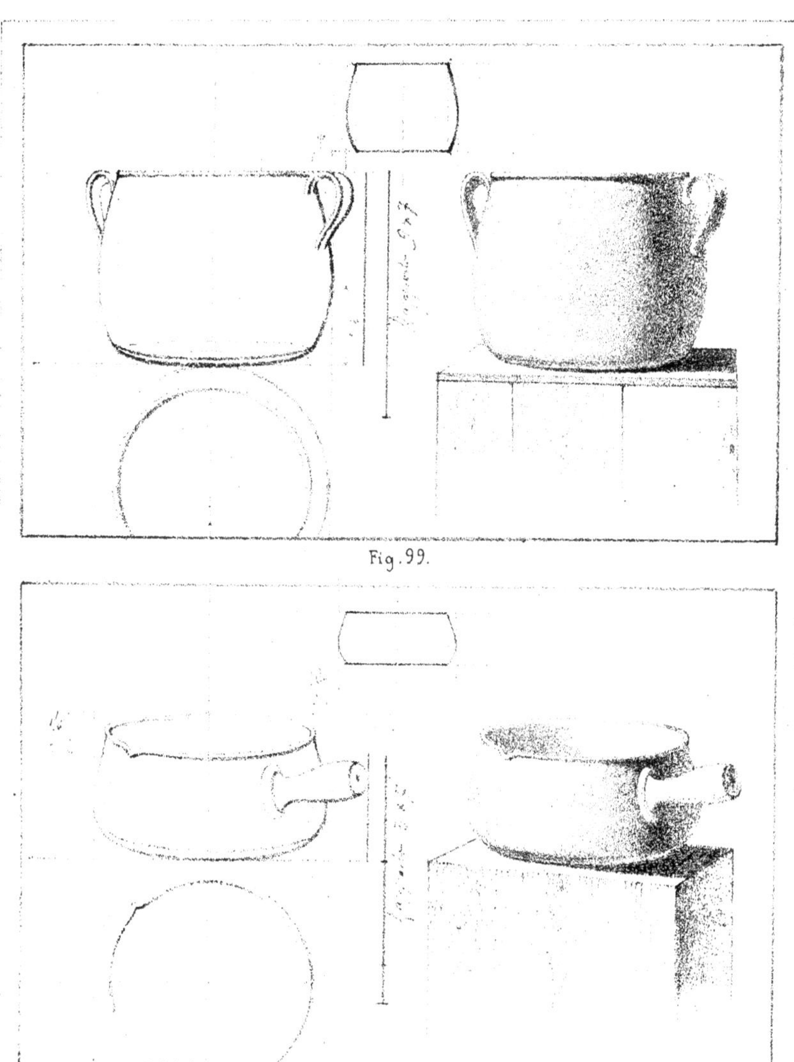

Fig. 99.

Fig. 100

28ᵉ LEÇON. — Seau en zinc (fig. 101)

Application du cône tronqué

1ʳᵉ Position : **En face le Spectateur.** — 1ᵉʳ Cas : **Au-dessous de l'œil**

Le Maître analysera pour lui, puis fera analyser et corrigera les écarts verbalement.
L'analyse se fera d'abord par la hauteur.
Le Maître construira en même temps que les élèves.

PAR L'OBSERVATION

Nous remarquons : 1º Que le sujet étant placé au-dessous de la ligne d'horizon, il présente sa face supérieure ; 2º Que l'ensemble se trouve être rectangle en largeur, rapports 8×7 environ ; 3º Que la profondeur de la circonférence vaut environ le 1/6 de sa grandeur ; 4º Que le cercle du bas est égal environ au 1/10 de la hauteur ; 5º Que la base inférieure est plus petite que la base supérieure, elle en a environ les 4/5 ; 6º Que la montée de la circonférence vaut environ le 1/9 de la hauteur totale ; 7º Que l'anse du seau s'attache dans la fraction gauche du solide et qu'elle descend environ aux 2/3 de la hauteur.

Seau en bois (fig. 102)

Application du cône tronqué

Même position que le sujet au-dessus, mêmes préparations pour la leçon.

PAR L'OBSERVATION

Nous remarquons : 1º Que le sujet placé au-dessous de la ligne d'horizon présente sa face supérieure ; 2º Que son ensemble présente une forme rectangle en largeur, rapports 6×5 environ ; 3º Que la profondeur de la circonférence vaut environ le 1/6 de sa longueur ; 4º Que la base inférieure est plus petite que la base supérieure, elle en a environ les 4/5, et que sa montée égale environ le 1/8 de la hauteur ; 5º Que les cercles sont au nombre de trois, que leur largeur vaut environ le 1/10 de la hauteur ; 6º Que leur position respective se trouve, pour le premier, au 1/8, le second aux 5/8 ; 7º Que l'anse se trouve environ au 1/8 de la largeur de chaque côté.

Fig. 101

Fig. 102

29ᵉ LEÇON. — **Décalitre en bois** (fig. 103)

Application du cylindre

1ʳᵉ POSITION : **En face le Spectateur.** — 1ᵉʳ CAS : **Au-dessous de l'œil**

Le Maître analysera pour lui, fera analyser, puis corrigera les écarts verbalement.
L'analyse se fera par la hauteur.
Le Maître construira en même temps que les élèves.

PAR L'OBSERVATION

Nous remarquons : 1º Que le sujet placé au-dessous de la ligne d'horizon présente sa face supérieure ; 2º Qu'il semble être enveloppé dans un rectangle en hauteur, rapports 6×7 environ ; 3º Que la profondeur de la circonférence, base supérieure, vaut environ le 1/8 de sa longueur ; 4º Que le solide formé de bois, de fer et de cuir présente des subdivisions dont la partie supérieure répond au 1/5 environ, et la partie inférieure au 1/3 ; 5º Que chacune de ces subdivisions se décompose dans les rapports 5, 3/5 pour le fer et 2/5 pour le bois ; 6º Que la montée de la base inférieure est du 1/8 environ de la hauteur.

Marmite en zinc (fig. 104)

Application du cylindre

Même position que le sujet au-dessus, mêmes préparations pour la leçon.

PAR L'OBSERVATION

Nous remarquons : 1º Que l'objet placé au-dessous de la ligne d'horizon présente sa face supérieure ; 2º Qu'il se trouve enveloppé dans une forme rectangle, rapports 11×12 environ ; 3º Que la profondeur de la base supérieure vaut environ le 1/6 de sa longueur ; 4º Que la montée de la base inférieure est du 1/6 environ de la hauteur ; 5º Que l'anse descend environ aux 2/5 de la hauteur.

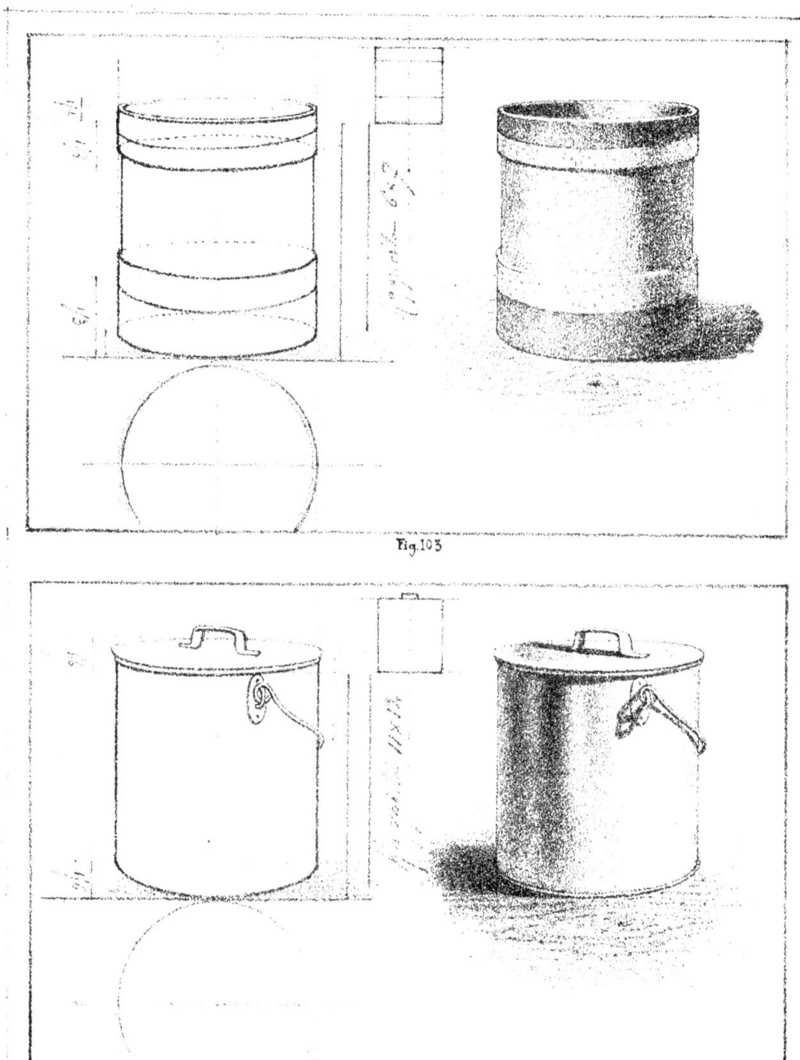

Fig.103

Fig.104

30ᵉ LEÇON. — **Tinette ou baquet en bois** (fig. 105)

Application du cône tronqué

1ʳᵉ Position : **En face le Spectateur.** — 2ᵉ Cas : **A la hauteur de l'œil**

Le Maître analysera pour lui, fera analyser et corrigera verbalement les écarts.
L'analyse se fera sur la hauteur.
Le Maître construira en même temps que les élèves.

PAR L'OBSERVATION

Nous remarquons : 1° Que cet objet, placé à la hauteur de l'œil, une ligne droite le limite ; 2° Que son ensemble présente une forme rectangle en longueur, rapports environ de 7×4 ; 3° Que la base inférieure est moins grande que la base supérieure, elle en a environ les 4/5, sa montée est d'environ le 1/8 de la hauteur ; 4° Que les poignées ont en hauteur 1/8 fort de la hauteur totale, que l'une des deux paraît plus petite (effet perspectif) ; 5° Que leur position se trouve environ au 1/4 de la largeur totale, et que le trou, rond en principe, se présente ici en ovale, qu'il touche dans le bas le bord de la ligne et a en hauteur la moitié de la poignée.

Bassine en zinc (fig. 106)

Application du cône tronqué

1ʳᵉ Position : **En face le Spectateur.** — 1ᵉʳ Cas : **Au-dessous de l'œil**

Mêmes préparations que pour le sujet on-dessus.

PAR L'OBSERVATION

Nous remarquons : 1° Que cet objet, placé au-dessous de la ligne d'horizon, laisse voir sa face supérieure ; 2° Que son ensemble présente une forme rectangle en longueur, rapports 7×3 environ ; 3° Que la profondeur de la circonférence paraît avoir le 1/6 de sa longueur ; 4° Que la base inférieure paraît plus petite que la base supérieure, elle en égale environ les 2/3, sa montée est du 1/6 environ ; 5° Que l'épaisseur du bord inférieur vaut le 1/7 de la hauteur, et le bord supérieur le 1/6, et que les poignées sont peu visibles.

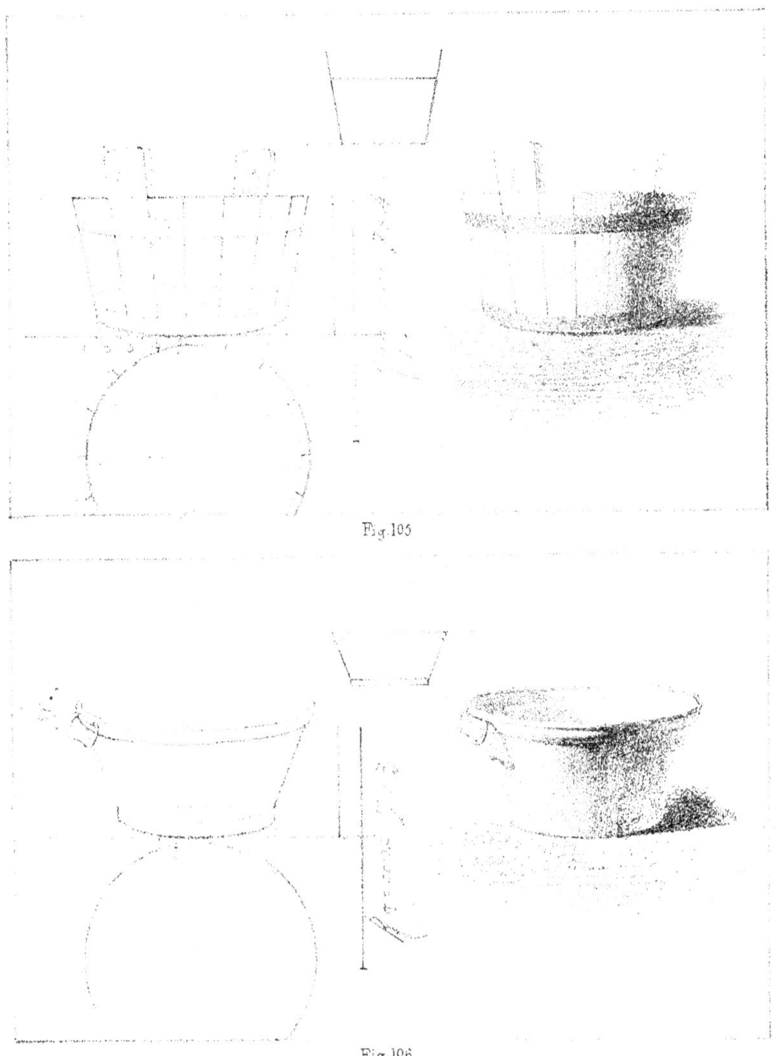

Fig. 105

Fig. 106

31ᵉ LEÇON. — **Cruche en grès** (fig. 107)

Application des courbes irrégulières

1ʳᵉ Position — **En face le Spectateur.** — 2ᵉ Cas : **A la hauteur de l'œil**

Le Maître analysera pour lui et fera analyser, puis corrigera verbalement les écarts.
L'analyse se fera en hauteur.
Le Maître construira en même temps que les élèves.

PAR L'OBSERVATION

Nous remarquons : 1º Que le sujet à la hauteur de l'œil présente une ligne droite ; 2º Qu'il est compris dans un ensemble rectangle, rapports 2 × 3 environ ; 3º Que la plus grande largeur se trouve à la moitié environ ; 4º Que la hauteur du col est environ du 1/5 de la hauteur totale, et que sa largeur, ainsi que la largeur de la base, valent environ les 3/5 de la largeur totale ; 5º Que la hauteur de la poignée est environ aux 2/5 de la hauteur totale.

Pot à beurre en grès (fig. 108)

Application des courbes irrégulières

1ʳᵉ Position : **En face le Spectateur.** — 2ᵉ Cas : **A la hauteur de l'œil**

Mêmes préparations que pour le sujet au-dessus.

PAR L'OBSERVATION

Nous remarquons : 1º Que le sujet à la hauteur de l'œil présente une ligne droite horizontale ; 2º Qu'il est compris dans un ensemble rectangle en hauteur, rapports 2 × 3 environ ; 3º Que la base supérieure vaut environ les 4/5 de la largeur totale, et la base inférieure les 3/5 ; 4º Que l'épaisseur du bord du haut a environ le 1/12 de la hauteur, et que sa plus grande largeur est à la moitié ; 5º Que les anses se trouvent environ au 1/3.

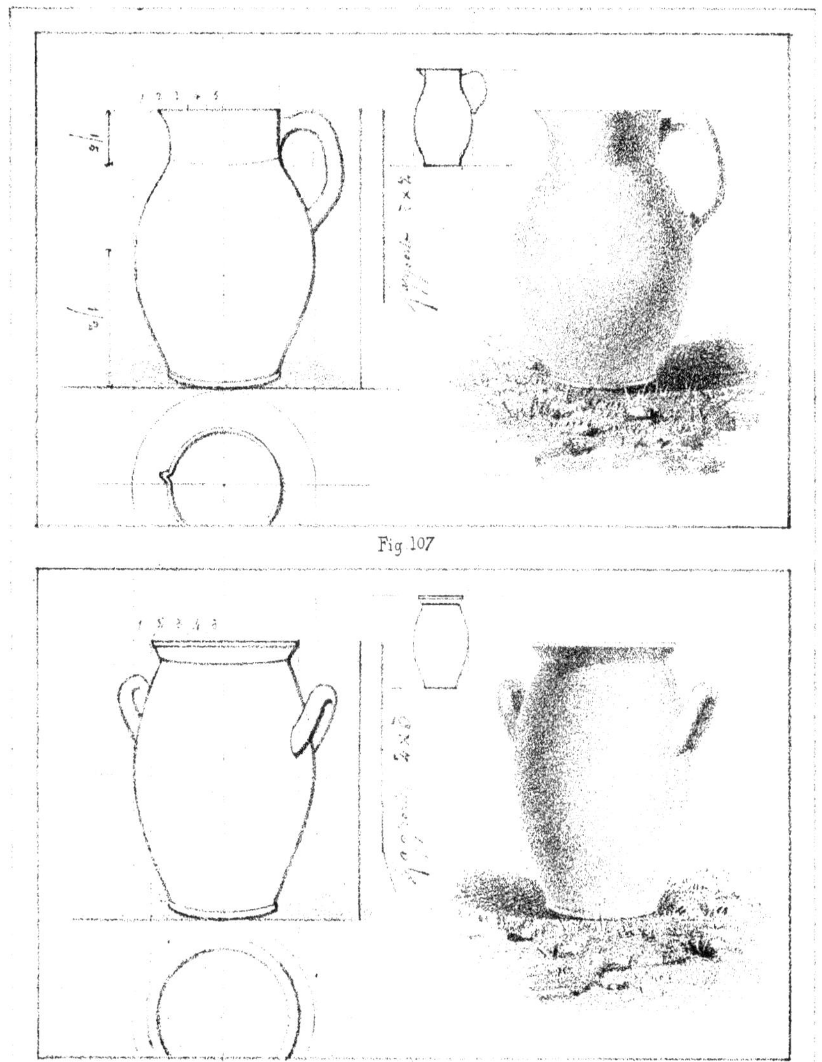

Fig. 107

Fig. 108

32ᵉ LEÇON. — **Pot à huile en faïence** (fig. 109)

Application des courbes irrégulières

1ʳᵉ Position : **En face le Spectateur.** — 1ᵉʳ Cas : **Au-dessous de l'œil**

Le Maître analysera pour lui, fera analyser et corrigera verbalement les écarts.
L'analyse se fera en hauteur.
Le Maître construira en même temps que les élèves.

PAR L'OBSERVATION

Nous remarquons : 1º Que le sujet placé au-dessous de l'œil laisse voir sa face supérieure ; 2º Qu'il présente un ensemble rectangle en hauteur, rapport 2×3 ; 3º Que la partie la plus large paraît être aux 2/5 ; 4º Que la base supérieure est plus large que la base inférieure, celle du haut vaut environ les 3/4 de la largeur totale et a en profondeur le 1/6 de sa longueur, celle du bas vaut les 3/5 de la largeur totale et sa profondeur le 1/5 de sa longueur environ ; 5º La partie inférieure du vase est au 1/5 environ de la base.

La position du bec et de la poignée étant des détails, peuvent avoir, par rapport à l'élève, une position autre. Dans celle-ci, le bec descend au 1/5, et la poignée a en largeur le 1/4 de la largeur totale.

Pot à eau en faïence (fig. 110)

Application des courbes irrégulières

1ʳᵉ Position : **En face le Spectateur.** — 1ᵉʳ Cas : **Au-dessous de l'œil**

Mêmes préparations que pour le sujet précédent.

PAR L'OBSERVATION

Nous remarquons : 1º Que le sujet placé au-dessous de l'œil laisse voir sa face supérieure ; 2º Qu'il présente un ensemble rectangle, rapports 2×3 environ ; 3º Que sa partie la plus large est au 1/3 du bas environ et celle la plus étroite au 1/3 du haut, elle vaut les 2/3 de la largeur totale ; 4º Que le pied paraît plus petit, il vaut environ les 3/5 ; 5º Que le bec se trouve en dehors de l'ensemble environ du 1/6 de la largeur, que cette position n'est pas constamment régulière, ainsi que celle de la poignée ; 6º Que la courbe inférieure paraît être au 1/12 de la hauteur.

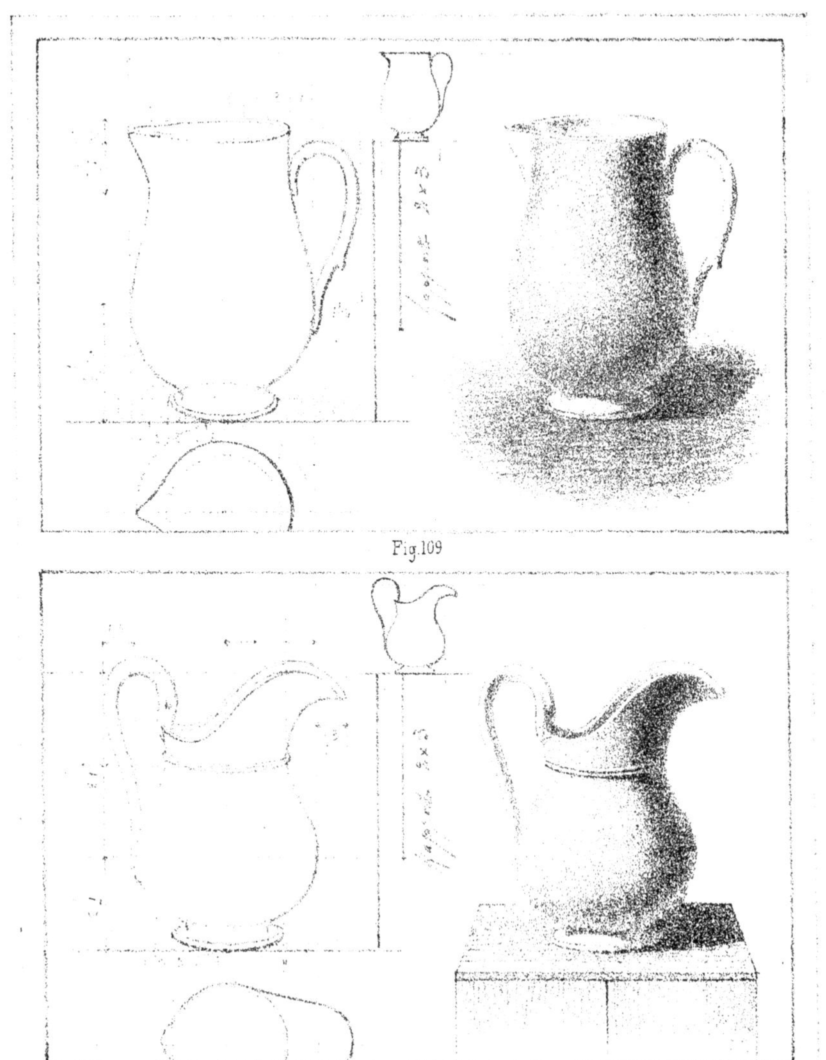

Fig.109

Fig.110

33ᵉ LEÇON. — **Broc à eau en zinc** (fig. 111)

Application des courbes irrégulières

1ʳᵉ POSITION : **En face le Spectateur.** — 3ᵉ CAS : **Au-dessus de l'œil**

Le Maître analysera pour lui, fera analyser et corrigera verbalement les écarts.
L'analyse se fera par la hauteur.
Le Maître construira en même temps que les élèves.

PAR L'OBSERVATION

Nous remarquons : 1º Que cet objet parait être enveloppé dans un rectangle en hauteur, rapports 4×7 ; 2º Que la partie la plus étroite se trouve au 1/6 environ de la hauteur et qu'elle est égale environ à la moitié de la largeur ; 3º Que dans cette position le bec est régulier et n'excède pas la largeur totale, et que la poignée est à la hauteur de l'objet, elle a environ en largeur les 3/5 au plus de l'ensemble, la ligne d'horizon le coupe au 1/6.

Broc à vin en zinc (fig. 112)

Application des courbes irrégulières

1ʳᵉ POSITION : **En face le Spectateur.** — 3º CAS : **Au-dessus de l'œil**

Mêmes préparations que pour le sujet précédent.

PAR L'OBSERVATION

Nous remarquons : 1º Que cet objet semble être compris dans un ensemble rectangle, rapports 4×7 environ ; 2º Que la partie la plus large est au 1/3 de la hauteur et la plus étroite au 1/5 ; 3º Que la base inférieure a les 3/5 de la largeur totale et celle supérieure les 2/5 ; 4º Que la poignée excède environ le 1/8 de la largeur totale, que dans cette position elle est régulière, ainsi que la base, la ligne d'horizon le coupe au 1/5.

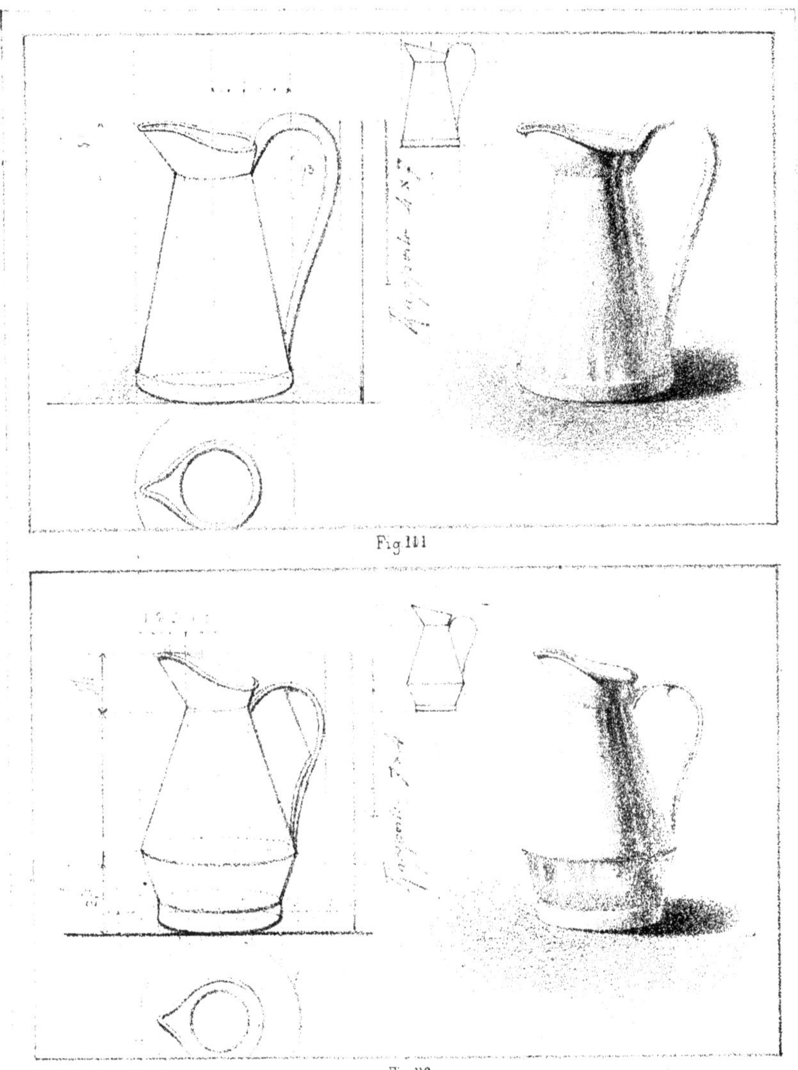

Fig.111

Fig.112

34e LEÇON. — Arrosoir en zinc (fig. 113)

Application du cylindre et du cône tronqué

1re Position : En face le Spectateur. — 3e Cas : Au-dessus de l'œil

Le Maître analysera pour lui, fera analyser et corrigera verbalement les écarts.
L'analyse se fera sur la hauteur.
Le Maître exécutera en même temps que les élèves.

PAR L'OBSERVATION

Nous remarquons : 1o Que le solide semble être compris dans un ensemble rectangle, rapports 2×3 environ ; 2o Que la section tronquée est au 1/4 de la hauteur, et que la base supérieure vaut les 5/9 environ de l'ensemble ; 3o Que la poignée, partie supérieure, est égale au 1/5 de la hauteur ; 4o Que la poignée de côté, partant du 1/4 de la hauteur, excède l'ensemble, dans cette position, du 1/3 de la largeur ; 5o Que le col de l'arrosoir est à sa hauteur, et que son inclinaison est aux 2/3 de l'ensemble, la ligne d'horizon le coupe au 1/4 environ.

Valise en cuir (fig. 114)

Application du prisme (1)

4e Position : Un angle en contact avec la ligne de terre. — 1er Cas : Au-dessous de l'œil

Le Maître rappellera les principes généraux sur la montée des lignes et l'analyse de l'ensemble.

PAR L'OBSERVATION

Nous remarquons : 1o Que cette valise, placée au-dessous de l'œil, présente sa face supérieure, qui égale environ le 1/3 de sa hauteur ; 2o Que, limitée par des droites, elle se trouve inscrite dans un ensemble rectangle, rapports 1×3 ; 3o Que le point de contact de l'angle à la ligne de terre se trouve aux 2/9 environ de la base ; 4o Que la montée des lignes, du côté gauche, est dans le bas du 1/3 de la hauteur, et dans le haut du 1/4 environ, du côté droit, dans le bas du 1/3, et dans le haut du 1/5 (ces lignes étant des parallèles linéaires, deviennent en perspective des parallèles fuyantes allant aboutir au même point de fuite sur la ligne d'horizon, l'un placé du côté droit et l'autre du côté gauche du point principal P).

---

(1) Ces dessins s'adressent plutôt aux élèves qui se préparent au brevet, premier degré ; mais, quoiqu'ils présentent des difficultés de détails assez grandes, nous avons cru devoir les donner, car ils ne font que mieux comprendre la nécessité de la perspective.

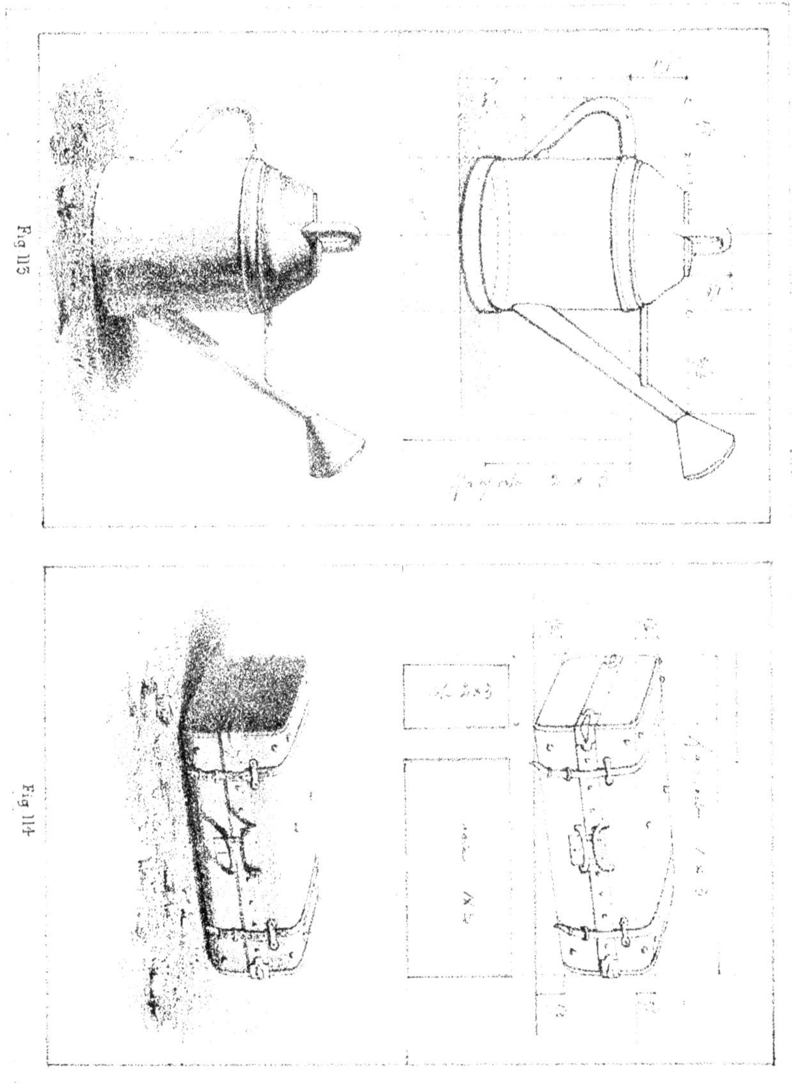

Fig 115
Fig 114

35ᵉ LEÇON. — **Caisse à fleurs** (fig. 115)

Application du cube

4ᵉ POSITION : **Un angle en contact avec la ligne de terre. — 1ᵉʳ CAS : Au-dessous de l'œil**

Le Maître rappellera les principes généraux sur la montée des lignes et l'analyse de l'ensemble.

PAR L'OBSERVATION

Nous remarquons : 1º Que cette caisse, placée au-dessous de la ligne d'horizon, laisse voir l'intérieur ; 2º Qu'étant limitée par des droites, elle présente un ensemble rectangle, rapports 5×4 ; 3º Que le point de contact à la ligne de terre est environ au 1/4 de sa base, que le côté droit semble monter du 1/5 dans le bas et du 1/8 dans le haut, le côté gauche du 1/12 dans le bas et dans le haut d'une montée imperceptible (ces lignes étant des parallèles linéaires deviennent, en perspective, des parallèles fuyantes ayant un point de fuite commun, l'un du côté gauche, l'autre du côté droit du point de fuite principal P, sur la ligne d'horizon).

Les détails pourront être exécutés, clous, planches, etc.

Tabouret (fig. 116)

Application du prisme

4ᵉ POSITION : **Un angle en contact avec la ligne de terre. — 1ᵉʳ CAS : Au-dessous de l'œil**

Le Maître rappellera les principes généraux sur la montée des lignes et l'analyse de l'ensemble.

PAR L'OBSERVATION

Nous remarquons : 1º Que ce solide présente sa face supérieure, qui vaut environ le 1/3 de la hauteur totale ; 2º Qu'étant limité par des droites, il se trouve compris dans un ensemble carré, rapports 1×1 ; 3º Que le point de contact de l'angle se trouve aux 2/5 de la base ; 4º Que la montée des lignes du côté gauche est dans le bas du 1/4 et dans le haut du 1/8, du côté droit du 1/10 dans le bas et d'une montée imperceptible dans le haut (l'intersection de ces lignes détermine le quatrième angle, qui se trouve sur le côté droit de l'axe du milieu) ; 5º Que les bois, se trouvant placés au 1/3 environ de chaque montant, déterminent autant de carrés perspectifs intermédiaires entre la face du bas et celle du haut du solide, et leur point de fuite est le même.

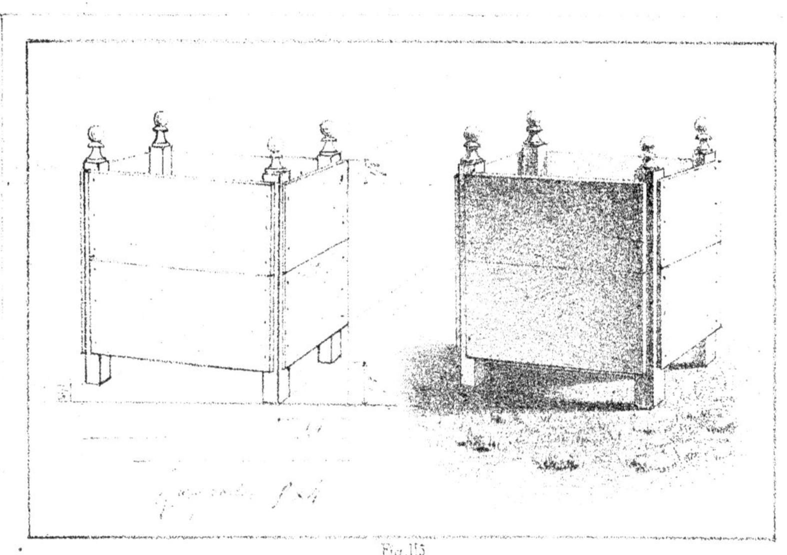

Fig. 115

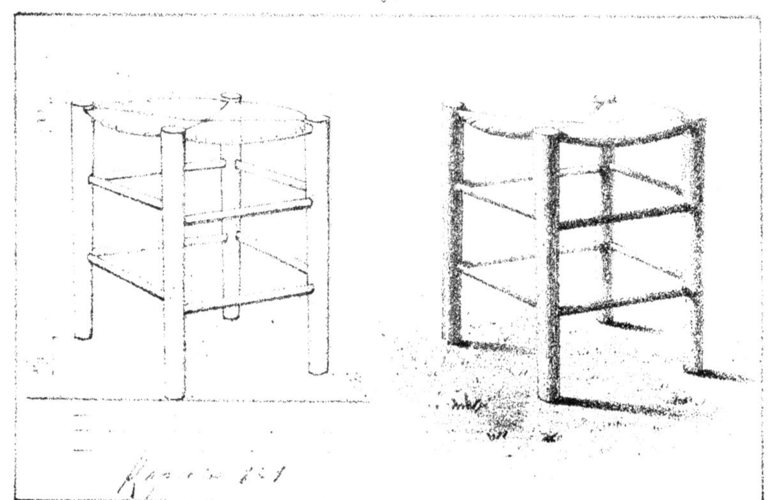

Fig. 116

36ᵉ LEÇON. — Trois-pieds (fig. 117)

Application des solides rectilignes (pyramide triangulaire)

4ᵒ POSITION : **Un angle en contact avec la ligne de terre. — 1ᵉʳ CAS : Au-dessous de l'œil**

Le Maître rappellera les principes généraux sur la fuite des lignes et l'analyse de l'ensemble.

PAR L'OBSERVATION

Nous remarquons : 1ᵒ Que le solide, limité par des droites, se trouve inscrit dans un ensemble rectangle, rapports 5×9 ; 2ᵒ Que la profondeur du dessin est égale à la moitié de la hauteur ; 3ᵒ Que le point de contact du pied du siége se trouve sur la même ligne, environ au 1/3 de la base ; 4ᵒ Que chacun des pieds a une direction particulière, et qu'elle est néanmoins parallèle au côté du siége correspondant (ces lignes étant au-dessous de la ligne d'horizon semblent monter pour se réunir au point de fuite commun à leur direction) ; 5ᵒ Que le pied du côté droit se trouve à la moitié de la hauteur totale environ et celui du côté gauche un peu plus bas, et qu'ils se trouvent inclinés.

Table (fig. 118)

Application des solides rectilignes (prisme, base rectangle)

4ᵒ POSITION : **Un angle en contact avec la ligne de terre. — 1ᵉʳ CAS : Au-dessous de l'œil**

Le Maître rappellera les principes généraux sur la fuite des lignes et l'analyse de l'ensemble.

PAR L'OBSERVATION

Nous remarquons : 1ᵒ Que la table présente le dessus, qu'il a en profondeur environ le 1/5 de la hauteur totale ; 2ᵒ Que, limitée par des droites, elle se trouve enveloppée dans un ensemble rectangle, rapports 4×5 ; 3ᵒ Que l'angle de contact de la face supérieure est au 1/6 environ de la longueur totale, que la montée du côté droit vaut le 1/6 de la hauteur, et du côté gauche d'une montée insignifiante, l'intersection des lignes détermine le quatrième angle, qui tombe environ au 1/3 de la grande ligne ; 4ᵒ Que l'angle du pied principal est au 1/5 environ de la longueur totale, que la montée du pied du côté droit est au 1/4 de la hauteur, celle du côté gauche au 1/5, l'intersection des lignes fuyantes du rectangle perspectif détermine la position du pied en arrière, correspondant à peu près à l'angle du rectangle du dessus, la grosseur des pieds est également perspective.

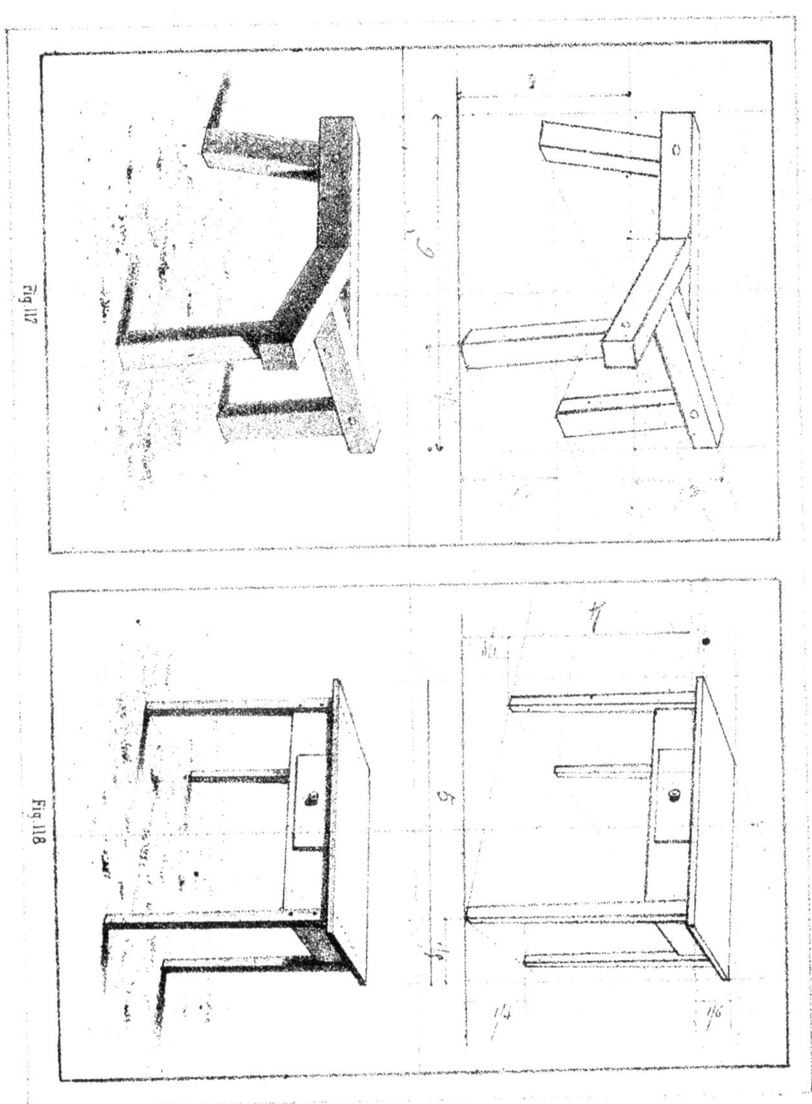

Fig. 117

Fig. 118

37ᵉ LEÇON. — **Chaise** (fig. 119)

Application des solides rectilignes (prisme)

4ᵉ POSITION : **Un angle en contact avec la ligne de terre.** — 1ᵉʳ CAS : **Au-dessous de l'œil**

Le Maître rappellera aux élèves les principes généraux sur la montée des lignes et l'analye de l'ensemble.

PAR L'OBSERVATION

Nous remarquons : 1º Que la chaise présente un ensemble rectangle, rapport 1 × 2 ; 2º Que le siège se trouve à la moitié ; 3º Que la ligne d'horizon se trouvant au-dessus, toutes les lignes semblent monter ; 4º Que le point de contact de l'angle à la ligne de terre est au 1/3 de la base ; 5º Que la montée du côté droit est dans le bas de 1/4 faible et dans le haut de 1/9 environ, du côté gauche du 1/4 dans le bas et du 1/9 dans le haut.

L'intersection de ces lignes fuyantes détermine le quatrième angle, qui se trouve ici du côté gauche de l'axe du milieu. Les bois placés environ au 1/3 des montants déterminent autant de carrés perspectifs intermédiaires ayant leur direction apparente aux points de fuite communs.

38ᵉ LEÇON. — **Support** (fig. 120)

• *Application des solides rectilignes (pyramide quadrangulaire carrée)*

4º POSITION : **Un angle en contact avec la ligne de terre.** — 1ᵉʳ CAS : **Au-dessous de l'œil**

Le Maître rappellera aux élèves les principes généraux sur la montée des lignes et l'analyse de l'ensemble.

PAR L'OBSERVATION

Nous remarquons : 1º Que ce support se présente dans un ensemble rectangle, rapports 4 × 5 environ ; 2º Qu'il laisse voir sa face supérieure, égale aux 2/3 de la largeur totale (toutes les lignes semblent monter pour se réunir à leur point de fuite respectif sur la ligne d'horizon) ; 3º L'angle en contact à la ligne de terre est au 1/4 de la base ; 4º L'angle du plateau, base supérieure, est au 1/3 de son ensemble ; 5º La montée du pied gauche est au 1/10 de la hauteur, et celle du pied droit au 1/6 ; 6º L'intersection des parallèles perspectives déterminent la position du quatrième angle, sur le côté gauche de l'axe.

Les lignes de la base du haut étant parallèles linéaires aux lignes de la base du bas, auront le même point de concours. Les bois transversaux formant un nouveau carré perspectif auront leur apparence perspective au même point également. Ils se trouvent au 1/5 de la hauteur.

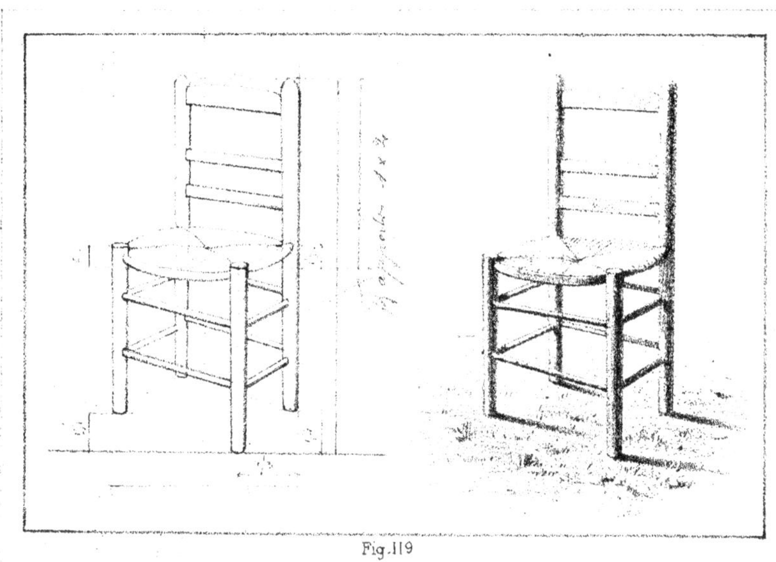

Fig.119

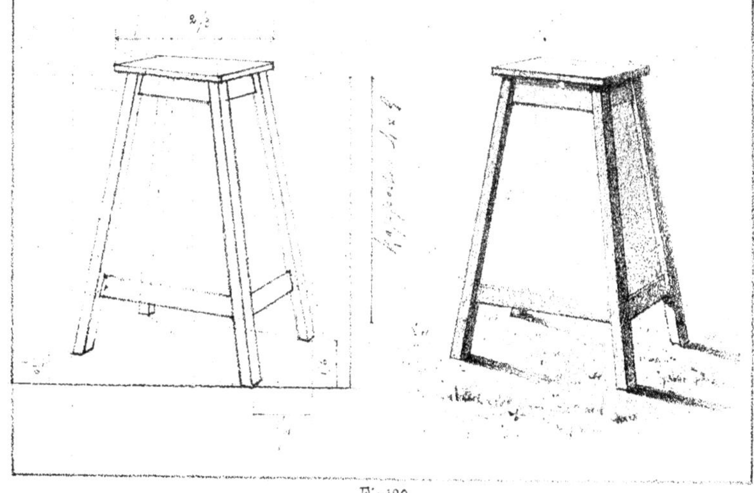

Fig.120

39ᵉ LEÇON. — **Tréteau** (fig. 121)

Application de la pyramide (base quadrangulaire rectangle) et du point de fuite accidentel

4ᵉ Position : **Un angle en contact avec la ligne de terre. — 1ᵉʳ Cas : Au-dessous de l'œil**

Le Maître rappellera les principes généraux sur la montée des lignes et l'analyse de l'ensemble.

PAR L'OBSERVATION

Nous remarquons : 1º Que le solide limité par des droites est compris dans un ensemble rectangle, rapports 9×10 environ; 2º Que le point de contact du pied est à 1/3 fort de la base; 3º Que la montée du pied droit est de 1/8 de la hauteur et celle de gauche 1/7, que le parallélisme perspectif de ces lignes détermine la position du 4ᵉ pied au 1/4 de la hauteur totale; 4º Que l'attache de ces pieds dans le haut se trouve au 1/4 pour le pied gauche et au 1/5 pour le pied droit, que les planches transversales se trouvent au 1/7 de la hauteur du pied; 5º Que l'épaisseur des bois des pieds paraît plus large dans le bas que dans le haut (direction apparente des lignes convergeant en un point au-dessus de la ligne d'horizon, point de fuite *accidentel*).

40ᵉ LEÇON. — **Chevalet à scier le bois** (fig. 122)

Application de la pyramide (base quadrangulaire rectangle) et du point de fuite accidentel

4ᵉ Position : **Un angle en contact avec la ligne de terre. — 1ᵉʳ Cas : Au-dessous de l'œil**

Le Maître rappellera les principes généraux sur la montée des lignes et l'analyse de l'ensemble.

PAR L'OBSERVATION

Nous remarquons : 1º Que le solide, limité par des droites, détermine un rectangle, rapports 6×5 environ; 2º Que le point de contact se trouve au 1/3 environ; 3º Que la montée du côté droit est de 1/5 environ, et celle du côté gauche de 1/8 (la direction perspective de ces lignes détermine la position du quatrième pied près de l'axe du milieu); 4º La hauteur du pied fuyant en arrière est au 6/7 de la hauteur totale; 5º La direction des épaisseurs est, pour les uns, de bas en haut, pour les autres, de haut en bas; 6º Dans chacune de ces directions, le point de fuite *accidentel* leur est commun; 7º Les bois transversaux suivent la direction des points de fuite naturels; 8º L'intersection des bois est aux 2/5 de la hauteur.

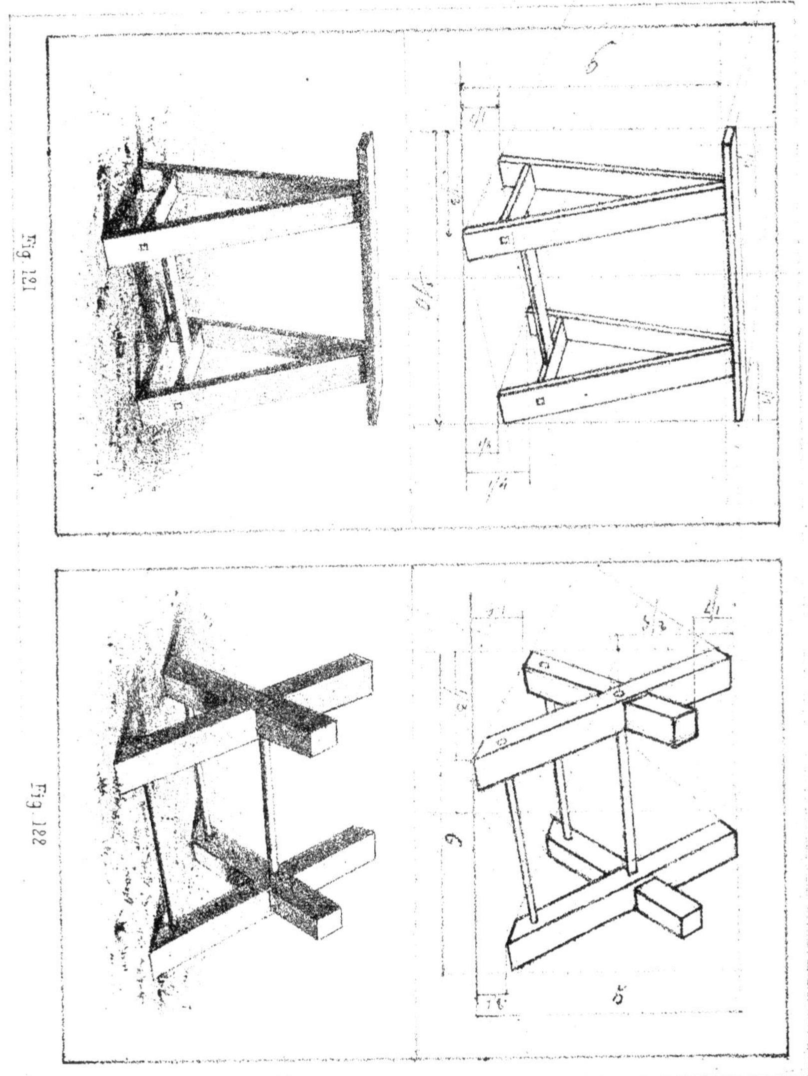

9 782329 697659